S Y … I S

colle… …oye

Hiroshima mon amour

Alain Resnais

étude critique
de Jean-Louis Leutrat

NATHAN

L'auteur remercie Laurent Fiévet, Marie-Pierre Frappier, Paul Leutrat et Suzanne Liandrat-Guigues.

Titres parus

1. **La Règle du jeu** par Francis VANOYE
2. **Les Lumières de la ville** par Michel CHION
3. **Citizen Kane** par Jean ROY
4. **M. Le Maudit** par Michel MARIE
5. **Barry Lyndon** par Philippe PILARD
6. **Fenêtre sur cour** par Francis MONTCOFFE
7. **Le Mépris** par Michel MARIE
8. **Le Guépard** par Laurence SCHIFANO
9. **Les 400 Coups** par Anne GILLAIN
10. **Les Enfants du paradis** par Geneviève SELLIER
11. **Senso** par Michèle LAGNY
12. **Le Septième Sceau** par Edmond GRANDGEORGE
13. **Le Cuirassé Potemkine** par Barthélemy AMENGUAL
14. **Certains l'aiment chaud** par Pierre JENN
15. **Profession : reporter** par Francis VANOYE
16. **Mon Oncle** par Francis RAMIREZ et Christian ROLOT
17. **Un chien andalou L'Âge d'or** par Claude MURCIA
18. **La Grande Illusion** par Olivier CURCHOD
19. **Louis Lumière, inventeur et cinéaste** par Vincent PINEL
20. **Hiroshima mon amour** par Jean-Louis LEUTRAT
21. **Partie de campagne** par Olivier CURCHOD
22. **Shadows** par Nicole BRENEZ
23. **Femmes au bord de la crise de nerfs** par Claude MURCIA
24. **Jules et Jim** par Carole LE BERRE
25. **Laura** par Odile BÄCHLER
26. **El** par Charles TESSON
27. **Les Parapluies de Cherbourg** par Jean-Pierre BERTHOMÉ
28. **L'Homme qui tua Liberty Valance** par Jean-Louis LEUTRAT
29. **Manhattan** par Anne GILLAIN
30. **Land and Freedom** par Philippe PILARD
31. **Le Plaisir** par Jean-Pierre BERTHOMÉ
32. **E la Nave va** par Christian Marc BOSSENO
33. **Les Contes de la Lune vague après la pluie** par Jean-Pierre JACKSON

ISBN : 2-09 190957-2

Sommaire

Avant-propos 4
La vie et les films d'Alain Resnais 7
Marguerite Duras 16
Générique 18
Hiroshima 21
Contextes 25
Genèse du film 31
L'histoire 38

■ AU FIL DE L'ŒUVRE 40
Ensembles visuels 41
Ensembles sonores (selon Henri Colpi) 52
La musique 60
Les structures 62
Le chant 69
La politique 74
Les personnages 81
Le temps 84

■ ANALYSES 89
Ensembles 1 et 2 : une mémoire d'ombre et de pierres 89
Ensemble 21 : errance nocturne 93
Épilogue 103

Regards critiques 104
Glossaire 110
Bibliographie 118

AVANT-PROPOS

Hiroshima mon amour a été l'événement cinématographique de l'année 1959, non pas par le nombre d'entrées, pour les sommes qu'il aurait coûté ou pour la qualité des effets spéciaux qu'il aurait demandés, mais pour sa valeur artistique novatrice ; on imagine mal aujourd'hui qu'un film puisse susciter autant de réactions passionnées, et pour de semblables motifs.

En mars 1963, *Positif* tranche : 1959, « c'est l'année d'Alain Resnais ». En juillet 1959, les *Cahiers du cinéma* lui consacrent une table ronde qui rassemble Jean-Luc Godard, Jacques Rivette, Pierre Kast, Jacques Doniol-Valcroze et Éric Rohmer. Ce dernier déclare que Resnais « est le premier cinéaste moderne du cinéma parlant. [...] Il n'y a pas encore eu de cinéma profondément moderne qui essaye de faire ce qu'a fait le cubisme dans la peinture et le roman américain dans la littérature, c'est-à-dire une sorte de reconstitution de la réalité à partir d'un certain morcellement qui a pu paraître arbitraire au profane. » Il ajoute cependant « que, dans quelques années, dans dix, vingt ou trente ans, on saura si *Hiroshima* est le film le plus important depuis la guerre, le premier film moderne du cinéma parlant, ou bien s'il est peut-être moins important qu'on ne le croit ».

Plus de trente années ont passé ; le film reste tout aussi important, mais pas pour les seules raisons invoquées en 1959. L'histoire du cinéma postérieure à sa réalisation lui donne nécessairement un « sens » difficilement prévisible en 1959. Selon Youssef Ishaghpour, l'œuvre de Resnais est allée « à contre-courant » ; contrairement au point de vue dominant, elle n'envisage pas l'image « comme réalité imageante et comme image de quelque chose [...] [mais] comme une image de film, un produit du montage et de la caméra », ni le cinéma « comme un instrument de représentation de la réalité, mais comme le meilleur moyen pour approcher le fonctionnement psychique ». Le point de vue dominant est celui qu'imposeront les cinéastes de la Nouvelle Vague issus des *Cahiers du cinéma* : Godard, Rivette, Rohmer (et leurs épigones), même s'il est difficile de ramener leurs appréciations respectives à une position unique. Leurs admirations vont vers Roberto Rossellini, Fritz Lang ou Nicholas Ray... Resnais se réfère plutôt à Louis Feuillade, Eisenstein ou Visconti, Antonioni, Buñuel ou Welles... En revanche, il serait intéressant d'examiner de près l'importance respective de Sacha Guitry ou de Jean Cocteau, cinéastes admirés des uns et des autres, de même que l'impact du surréalisme sur un Rivette, un Godard ou un Resnais.

« À contre-courant », son œuvre a été « oubliée », dans le sens où il est rare aujourd'hui qu'Alain Resnais soit mentionné parmi les cinéastes de la « modernité ». Il est éloquent que, lors d'un entretien avec Éric Rohmer en 1988, l'année 1959 soit définie comme celle où « tout éclate tout d'un coup, avec *Le Signe du lion*, *Les 400 Coups*, *À bout de souffle...* », sans que *Hiroshima mon amour* soit cité. Cet « oubli », toutes proportions gardées, correspond à une pratique qui consiste à réécrire l'histoire du cinéma comme on efface des visages sur les photographies. D'une certaine façon, il est arrivé une aventure identique à Jean Cayrol, d'abord assimilé aux écrivains du Nouveau Roman, puis plus jamais mentionné dans ce groupe. Cela ne manque pas d'ironie concernant un cinéaste qui a fait de la mémoire et de l'oubli l'un de ses thèmes fondamentaux. Si Resnais va « à contre-courant », ses premiers films, *Hiroshima mon amour*, *L'Année dernière à Marienbad* et *Muriel*, n'en sont pas moins des jalons essentiels de la modernité cinématographique des années 60. Ils ont donné l'exemple d'expérimentations sur le son ou sur la « déstructuration » du récit, ils ont montré d'autres manières de construire un personnage dans un film, ils ont proposé des images du temps inédites. Marguerite Duras et *India Song* doivent certainement beaucoup à *Hiroshima mon amour* ; Jean-Luc Godard a été très attentif au cinéma de Resnais, et ses œuvres les plus récentes manifestent une intelligence nouvelle des premiers longs métrages de Resnais. Elles en portent la trace en plusieurs endroits : *Hiroshima mon amour* refait par exemple surface en 1981 dans *Passion*, *L'Année dernière à Marienbad* dans les *Histoire(s) du cinéma*. Le dialogue Resnais-Godard, qu'il faudrait examiner de près, permet de comprendre ce qui s'est fait de plus novateur en France pendant trente ans, du début des années 60 à l'orée des années 90. De plus, l'œuvre de Resnais ne s'est pas arrêtée à *Muriel* en 1963. Considérée dans son ensemble, elle le définit comme un cinéaste à la trajectoire exemplaire, remettant tout en question à chaque film : *Smoking No Smoking* est venu prouver récemment qu'il n'a rien abdiqué de son désir de tenter des expériences limites au sein des structures commerciales de l'industrie cinématographique. On pourrait dire de Resnais ce que Vladimir Jankélévitch disait de Maurice Ravel : « On vérifie, en écoutant la musique de Ravel, que la France n'est pas toujours le pays de la modération, mais plus souvent celui de l'extrémisme passionné et du paradoxe aigu. Il s'agit d'éprouver tout ce que peut l'esprit dans une direction donnée, de tirer sans faiblir toutes les conséquences de certaines attitudes » (*Ravel*, p. 65).

On a beaucoup écrit sur *Hiroshima mon amour*, et il s'agit le plus souvent de textes de grande qualité. Cet ouvrage cherche moins à proposer une nouvelle interprétation qu'à présenter une synthèse de ces analyses qui datent souvent d'une trentaine d'années. C'est pourquoi il présente beaucoup de citations. On pourrait dire qu'il constitue une anthologie critique agrémentée des commentaires du cinéaste lui-même.

LA VIE ET LES FILMS D'ALAIN RESNAIS

Alain Resnais est né le 3 juin 1922 à Vannes, dans le Morbihan. Sa famille appartient à la moyenne bourgeoisie et son père est pharmacien. Il est fils unique. Il fréquente un collège religieux, Saint-François-Xavier, d'octobre 1931 à 1936 (« J'ai eu une enfance catholique très stricte en Bretagne – et je déteste penser à mon enfance. »). Sujet à des crises d'asthme, il est de santé fragile. Sa mère poursuit son éducation ; elle lui aurait donné le goût de la musique classique.

« La sœur de sa grand-mère était célèbre pour avoir vu passer, de sa fenêtre, le cortège funèbre d'une voisine qu'on croyait en parfaite santé et dont on ignorait le décès. Et pour cause : il devait intervenir seulement huit jours plus tard ! Alors, le cortège se déroulera exactement comme la prophétesse d'occasion l'avait vu à la faveur d'une panne de la chronologie.

On a souvent raconté, aussi, au jeune Alain l'étrange aventure vécue par l'oncle de son grand-père. Il avait surpris un fantôme en train d'écrire une longitude et une latitude sur le livre de bord du navire dont il était le capitaine. C'était la position – le capitaine, intrigué, alla le vérifier – d'un bateau en train de couler. À l'avant du premier des canots qui ramèneront les naufragés, se tenait le fantôme » (Francis Lacassin, *Passagers clandestins*, coll. « 10/18 », 1979, vol. 1, p. 339).

Le cinéma

Ses relations avec le cinéma commencent très tôt. Son cousin Jean Roblain lui projette des bandes en Pathé-Baby : un documentaire sur la culture du haricot, un dessin animé de Lortac, *Le Lever du professeur Mécanicas*, et un Harold Lloyd, *La Maison hantée*. Puis ce furent des films à épisodes en Pathéorama, dont le *Napoléon* d'Abel Gance. Resnais dispose d'un projecteur Lapierre. Les jeudis après-midi, il se rend au cinéma de Lagarrenne (Vannes comporte deux salles de cinéma ; il n'a droit qu'à la salle paroissiale) où il s'enthousiasme pour *Robin des bois*, *Pêcheurs d'Islande* ou *Le Mystère de la tour Eiffel* de Julien Duvivier. Il voit à neuf ans *Mor Vran* et *L'Or des mers* de Jean Epstein. Avec ses amis du collège laïque Jules-Simon, Georges et Maurice Hilleret, Jacques Perret, Maurice Tersac, Lamarche, qu'il connaît grâce à un feu de camp des Éclaireurs de France où ils l'invitent, il filme à l'improviste avec sa caméra 8 mm (achetée en 1935, à Nantes, dans une boutique du passage Pommeraye) les jeunes filles du cours secondaire. Avec ses amis, il invite ensuite les actrices involontaires à venir voir chez lui les films développés. Il a transformé une petite chambre en salle de projection. En 1936, il tourne un *Fantômas* en 8 mm avec des garçons et des filles de Vannes pour interprètes. Chaque semaine, dans sa salle de projection privée, il montre des Charlie Chase, des Laurel et Hardy, et, tous les deux mois, un long métrage. « J'ai commencé à pratiquer cette technique [accompagner une projection de film muet d'une audition musicale] quand j'avais onze ou douze ans : je faisais des séances de cinéma le jeudi matin à onze heures pour les copains, avec les films de la cinémathèque Kodak, et je mettais des disques. » Il emmène aussi ses amis à Arradon, sur le golfe du Morbihan. Il se souviendra de cette époque pour le tournage de *Mon Oncle d'Amérique* : « L'île qu'on voit dans le golfe est dans le golfe du Morbihan. C'est l'une des quatre cents îles du golfe, la légende veut qu'il y en ait autant que de jours dans l'année. J'y allais quand j'étais enfant, en cachette de ma famille. En cachette parce qu'il m'était défendu de faire du canot en haute mer ; j'avais alors huit ou dix ans et j'attendais que ma famille soit en déplacement pour sortir en canot. Je n'ai pas vu mon grand-père griller des crabes mais je les grillais, moi. J'adorais ça. Avec des copains nous faisions de grands jeux sur le sable et on faisait griller du sable parce que les Égyptiens avaient découvert le verre comme ça. On n'y est jamais arrivé d'ailleurs. » Ses parents ont à Arradon une propriété dans laquelle il entrepose sa collection de bandes dessinées que les Allemands, en 1940, disperseront pour une grande part.

Lectures

Il découvre les personnages des bandes dessinées et ceux du roman populaire : Mandrake le magicien, Luc Bradefer, Dick Tracy, Guy l'Éclair (« Flash Gordon ») dans le journal *Robinson*, Bicot (dans *Le Dimanche illustré*), Samuel Night, le héros du *Roi de l'or* d'A. Pujo. Il admire Sherlock Holmes qu'il juge supérieur à Nat Pinkerton ou Nick Carter (Francis Lacassin précise toutefois qu'« il continue d'admirer la puissance évocatrice des couvertures de Nick Carter, le dynamisme de leurs gestes figés »). Vers juin ou juillet 1934, il remarque au kiosque à journaux de la gare de Vannes une brochure dont la couverture porte le titre : *Le Fantôme des ruines rouges* (n° 67 d'une collection bimensuelle, « Harry Dickson, le Sherlock Holmes américain »). Il lit ainsi une cinquantaine de fascicules sans nom d'auteur, dont *La Bande de l'araignée*, *La Résurrection de la Gorgone*, *Le Lit du diable*... Deux exemplaires sont reçus par le kiosque de la gare à des dates irrégulières ; il lui arrive de les manquer. Il lit également « au moins une fois par an de cinq à douze ans » (certaines informations précisent : deux fois par an, aux vacances de Pâques et de Noël) *La Légende de la mort chez les Bretons armoricains* par Anatole Le Braz. Vers quatorze ans, il s'enferme dans les œuvres de Proust (« J'ai lu tout Proust une seule fois dans ma vie, et je l'ai avalé d'un coup, en une semaine je n'ai rien fait d'autre. Je ne l'ai plus jamais rouvert. »), Katherine Mansfield et Aldous Huxley. À seize ans, il entreprend d'écrire une pièce sur Katherine Mansfield qu'il ne terminera jamais. Vers quatorze ans, il découvre aussi *Le Potomac* de Cocteau, puis les surréalistes, *Le Bon Apôtre* de Philippe

Soupault, ensuite *Le Paysan de Paris*, *Nadja*, les *Manifestes du surréalisme...* Francis Lacassin rapporte que c'est dans son adolescence que Resnais écrit un conte « dont le héros, un petit garçon, collectionnait les numéros de téléphone ; il se suicidait en apprenant que son initiative était rendue vaine par l'existence d'un livre appelé "annuaire des téléphones". Cette parabole, Resnais me l'a contée à propos de sa longue quête de l'auteur inconnu de Harry Dickson. »

Le théâtre, la musique

Ses relations avec le théâtre commencent mal. Le théâtre de Vannes ne lui propose en effet que de pauvres spectacles : il « était tellement en ruines que les gens s'asseyaient sur des chaises de jardin et ils prenaient la précaution d'emporter couvertures et parapluies car, en cas d'averse, ça tombait directement dans la salle. L'entrée était très étrange. Dans une toute petite rue, il y avait deux porches parfaitement identiques, rien ne les distinguait. L'un menait au théâtre et l'autre aux urinoirs. » Quand il va à Noël et à Pâques chez son grand-père, pharmacien à Paris (dans le quartier des Buttes-Chaumont), il prend ses distances à l'égard de la Bretagne ; il complète sa collection de volumes des *Aventures de Harry Dickson*, voit des films (*Les Trois Mousquetaires* avec Douglas Fairbanks) et des pièces de théâtre qui modifient radicalement son opinion : *La guerre de Troie n'aura pas lieu* avec Jouvet, *Le Faiseur* avec Dullin, *La Fin du monde* avec Guitry, *Espoir* de Bernstein avec Claude Dauphin, et surtout, en 1937, aux Mathurins, *La Mouette* avec les Pitoëff qui suscite en lui une passion inextinguible pour le théâtre (la *Symphonie nº 4* de Nielsen, « L'Inextinguible », joue un rôle dans *Smoking No Smoking*). « Étant jeune, j'avais assisté à une représentation de *Ceux de chez nous* au Théâtre de la Madeleine et Sacha Guitry nous avait montré les bouts de film qu'il avait faits sur des peintres comme Renoir, Monet ou Degas et sur d'autres gens célèbres comme Sarah Bernhardt. Je m'étais dit que ce serait peut-être amusant de montrer des peintres quand ils sont jeunes et non pas dans leurs dernières années... »

En 1936, il poursuit ses études à Paris au collège Frédéric-Leplay, logeant chez un prêtre qui prend des pensionnaires. Les jeudis et les dimanches, il va au cinéma : « Je me souviens qu'après avoir vu *Le Mouchard* de John Ford, je déployais un tel enthousiasme devant cet abbé qu'il m'a surnommé "Alain benêt" ». En 1940, il part dans le Midi avec l'intention de se rendre en Algérie. Il reste à Nice. Son professeur d'anglais est

Georges Walter. « J'avais des souvenirs de pasteurs sur la Riviera à Nice... ». Il fait la connaissance de Frédéric de Towarnicki dans un milieu de jeunes passionnés par le théâtre qui se retrouvent au Cercle Molière de Victor Saiac où Resnais fait ses premières expériences d'acteur. L'enfance de Towarnicki s'est également nourrie des *Aventures de Harry Dickson*. Resnais lit Sartre, Hemingway, Faulkner. Sa chambre est tapissée de reproductions de Picasso et de De Chirico. Towarnicki lui fait découvrir Wagner, lui apprend à déchiffrer des partitions. Resnais initie son ami à Stravinski, Satie, Bartok. En 1938-1939, il obtient ses baccalauréats qu'il a préparés et présentés seul.

Paris

En 1941, il retourne à Paris où son asthme disparaît tout d'un coup. Towarnicki est également dans la capitale où il se cache en raison de ses origines ; il racontera plus tard que Resnais traversait toute la ville à vélo pour lui apporter de la nourriture.

Pendant deux ans, Alain Resnais suit les cours de René Simon. En 1942, il fait de la figuration dans *Les Visiteurs du soir*. Il fréquente le Studio 28, les Ursulines (avec des présentations d'Henri Langlois qui « ne finissait jamais ses phrases »). En 1944, il voit à la Cinémathèque les films de Louis Feuillade, qu'il avait découvert en 1939, et s'intéresse aux écrits de Jean Epstein, comme *Bonjour cinéma*. En 1943, il est frappé par la beauté de la langue dans *Les Anges du péché* de Robert Bresson : « Quelqu'un avait enfin demandé à Giraudoux d'écrire un scénario. » Deux ans plus tard, l'« intense musicalité » du dialogue de Cocteau pour *Les Dames du Bois de Boulogne* le ravit. Entre les deux, *La Règle du jeu* le bouleverse : « Au sortir de la salle, je me suis assis sur le bord du trottoir, et je suis resté pétrifié pendant cinq bonnes minutes, puis je me suis retrouvé arpentant les rues de Paris pendant deux heures. Tout était sens dessus dessous, toutes mes idées sur le cinéma avaient été mises au défi. Mes idées étaient si fortes pendant la projection que certaines séquences, si elles avaient été plus longues d'un seul plan, m'auraient réduit aux larmes ou à la crise de nerfs. » Parmi ses passions de cinéphile, *La Cité foudroyée* (1924) de Luitz Morat, *Le Sang d'un poète* (1930) de Cocteau, les films de Sacha Guitry. Il songe à devenir libraire ; en 1943, il va entrer comme stagiaire à la librairie Galignani's, rue de Rivoli, quand est créée l'Idhec où lui conseille de s'inscrire une amie, la monteuse Myriam. En 1943-1944, il passe le concours d'entrée et est reçu second (principal examinateur : Alexandre Arnoux ; surveillant, comme monteur, Claude Roy). Il fait donc partie de la première promotion et a pour condisciple Henri Colpi. Il s'adonne à la photo 24 x 36 et fait alors beaucoup de portraits. Déçu par l'enseignement, à l'exception d'une conférence de Jean Grémillon, il démissionne l'année suivante.

L'Allemagne

En 1946, Resnais fait son service militaire en Allemagne, dans la 1re armée française commandée par le général de Lattre de Tassigny. Une troupe de théâtre, Les Arlinquins, y est dirigée par André Voisin. La troupe comprend Marcel Marceau, Gilles Quéant, Edmond Tamiz... Resnais s'y intègre comme acteur. Il parcourt ainsi les zones d'occupation en Allemagne et interprète notamment le rôle de Basile dans *Le Barbier de Séville*. Il tourne également de petits films muets. C'est alors qu'il lit dans un journal américain des extraits du *Petit Organon* de Bertolt Brecht. Frédéric de Towarnicki, interprète et animateur culturel du service social Rhin et Danube à Lindau, a pour mission de contacter des écrivains et des artistes pour les inviter dans les deux centres culturels Rhin et Danube. Il est aidé dans ce travail par ses amis Marcel Marceau, André Voisin et Alain Resnais. C'est ainsi qu'avec Resnais, il se rend chez Picasso, qu'ils ne réussissent d'ailleurs pas à rencontrer, et que l'idée leur vient de partir à la recherche de Heidegger, avec plus de succès puisqu'ils le trouvent à Zähringen sur une colline. Towarnicki raconte cette entrevue dans son livre *À la rencontre de Heidegger*.

Les débuts

En 1946, il réalise trois films 16 mm dont *Schéma d'une identification* avec Gérard Philipe (ils habitent le même immeuble parisien, rue du Dragon) et *Ouvert pour cause d'inventaire* avec Danielle Delorme. Suivent, en 1947, une dizaine de visites à des peintres. Il est assistant monteur la même année sur *Paris 1900* de Nicole Védrès, puis monteur de plusieurs films entre 1952 et 1958. En 1947, il tourne une pantomime avec Marcel Marceau, *La Bague*. Il fait la connaissance aux séances des Amis de l'Art de Gaston Diehl et Robert Hessens. Pierre Braunberger lui propose de réaliser des courts métrages. Ce sera en 1948 *Van Gogh*, puis en 1950 *Paul Gauguin* et *Guernica*. Parmi les auteurs que Resnais aurait alors aimé adapter : Roger Vailland *(Les Mauvais Coups)* et Raymond Queneau *(Pierrot mon ami*, *Un rude hiver*, ou *Le Chiendent)*.

Jean Cayrol envisage de tourner *La Vie du Christ* en collaboration avec Resnais et Marker. L'écrivain confie : « Nous avions même repéré un petit village araméen étonnant, pas touché depuis mille ans ; ça n'a pas marché. » Resnais voudra tourner *La Noire*, un roman de Cayrol.

En 1948, il fait son premier voyage à Londres. « En guise de "Guide bleu", il emporte dans sa valise un paquet de fascicules achetés jadis au kiosque de Vannes. Arrivé à quinze heures, il commence à dix-neuf heures, sous la direction de Harry Dickson, une visite insolite de Londres. Ou plutôt un pèlerinage aux lieux et adresses indiqués dans les aventures. Il continue le lendemain, muni d'un appareil photographique : il cliche des rues et des décors très fidèles à leur description. [...] L'objectif fixe juste à temps certains de ces décors : la pioche des démolisseurs s'apprêtait à les effacer à jamais. La nostalgie de Harry Dickson ressort, de ce voyage, renforcée » (Francis Lacassin). C'est à Londres qu'il rencontre Jacques-Bernard Brunius (qui a collaboré à des films avec Robert Desnos et qui interprète l'un des rôles de *Une partie de campagne*), tandis qu'aux bureaux de l'association Travail et Culture, il fait la connaissance de Chris Marker, Paul Renty, Rémo Forlani et André Bazin.

L'œuvre

À partir des années 50, la biographie de Resnais se confond en grande partie avec sa filmographie. Des courts métrages d'abord : 1950-1953 : *Les statues meurent aussi* (coréalisé avec Chris Marker) ; 1955 : *Nuit et brouillard* ; 1956 : *Toute la mémoire du monde* ; 1957 : *Le Mystère de l'atelier quinze* (coréalisé avec André Heinrich) ; 1958 : *Le Chant du Styrène*. *Hiroshima mon amour*, en 1959, ouvre la série des longs métrages, suivi en 1961 par *L'Année dernière à Marienbad* et en 1963 (l'année où Resnais perd son père) par *Muriel ou le temps d'un retour*. 1960 est l'année du premier voyage à New York. La fin des années 60 marque une transformation dans l'œuvre de Resnais. En 1966, *La guerre est finie* semble s'écarter des voies « expérimentales » ouvertes par les trois œuvres d'emblée prestigieuses qui l'ont précédé. La même année, le projet des *Aventures de Harry Dickson*, conçu en 1951 sur un scénario de Boris Vian, puis de Frédéric de Towarnicki, avec comme producteur Pierre Braunberger puis Anatole Dauman, est définitivement abandonné : Resnais rêvait dans le rôle principal de Basil Rathbone, puis il pensa à Jean Vilar, ensuite à Laurence Olivier, Giorgio Albertazzi, Peter O'Toole, enfin à Dirk Bogarde. Il y eut, semble-t-il, au moins quatre versions du scénario : la première aurait donné un film de quatre heures, la seconde (établie avec l'aide de Pierre Kast) un film de trois heures et demie, la troisième ramenait la durée à deux heures quarante minutes, la dernière effectuée par Resnais arrivait à deux heures mais c'était « une série de bouts charmants, mais des bouts, et puis, je n'ai pas trouvé la fin... ».

Le cinéaste rencontre enfin l'auteur des *Aventures de Harry Dickson*, Jean Ray, en 1959, à Bruxelles : « Il m'affirmait que sa machine tapait toute seule. Vers la fin, il y avait tant de complicité entre lui et le personnage, que Dickson avait fini par lui apparaître. Ils avaient des conversations : "Qu'est-ce que tu ferais à ma place ?" ». Francis Lacassin note la confusion des temps dans l'œuvre de Jean Ray, exprimée par la confusion des styles et des modes : « Resnais lui reconnaissait une fascination créatrice d'un climat fantastique qui plaçait le héros hors du temps. Pour reconstituer l'univers mental et onirique de Jean Ray, il lui paraissait indispensable d'entourer le détective de personnages issus de trois époques différentes : 1890, 1905 et 1914. Le cinéaste entendait aussi respecter l'anachronisme géographique des décors commis par Jean Ray, pour une fois, en pleine conscience. Petites villes imaginaires d'Angleterre, certains quartiers de Londres, boutiques (innombrables merceries), intérieurs de vieilles dames sont empruntés par l'auteur à la Belgique flamande. Ou plus exactement : aux souvenirs de l'enfance qu'il y vécut. »

En 1967, Resnais réalise une séquence de *Loin du Vietnam*, et en 1968, à la demande de Chis Marker, il tourne un ciné-tract. Mai 1968 voit la sortie de *Je t'aime, je t'aime* qui est un échec commercial et Resnais ne reçoit plus de propositions. Il se rend à New York où il reste de 1969 (l'année où il épouse Florence Malraux) à 1971, travaillant à plusieurs projets qui n'aboutissent pas, notamment avec l'auteur de bandes dessinées Stan Lee (*The Monster Maker*, 1970 ; *The Inmates*, 1971). Il propose également sans succès *Conan* à un producteur. En 1972, il participe par une séquence à *L'An 01* (film dont les autres réalisateurs sont Jacques Doillon et Jean Rouch).

Sa carrière repart en 1974 avec *Biarritz-Bonheur* (ou *Stavisky*), œuvre mal reçue par la critique mais qui est un succès auprès du public. Suivent en 1976 *Providence*, en 1980 *Mon Oncle d'Amérique*, en 1983 *La vie est un roman*, en 1984 *L'Amour à mort*, en 1986 *Mélo*, en 1989 *I Want to go Home*, en 1992 *Gershwin* (pour la télévision) et en 1993 *Smoking No Smoking*.

L'œuvre de Resnais, comme celle d'autres grands réalisateurs, connaît ses projets inaboutis, longtemps caressés, qui ont pu servir de « carburant » pour d'autres films. Dans son livre *Alain Resnais arpenteur de l'imaginaire*, Robert Benayoun distingue dans la filmographie qu'il propose les « films disparus ou inachevés » (des courts métrages réalisés entre 1936 et 1946), les films réalisés par Alain Resnais, ceux auxquels il a collaboré, les films « montés par Alain Resnais » *Le Sommeil d'Albertine* (1945) de Jean Leduc, *Jean Effel* (1948) de Sylvain Dhomme, *Saint Tropez devoir de vacances* (1952) de Paul Paviot, *La Pointe courte* (1955) d'Agnès Varda, *L'Œil du maître* (1967) de Jacques Doniol-Valcroze, *Paris à l'automne* (1978) de François Reichenbach, et les films non réalisés d'Alain Resnais, dont les deux plus connus sont *Les Aventures de Harry Dickson*, auquel Resnais songea et travailla entre 1951 et 1966, et *Délivrez-nous du bien,* scénario de Richard Seaver sur la vie du marquis de Sade : dans ce film devait s'entendre sans interruption, dans « une sorte de récitatif total », la voix de Sade, « parfois presque inaudible, [...] rarement synchrone de l'image » ; « le dispositif scénique conçu pour l'entier déroulement du film, qui eût occupé tout un plateau de cinéma, est fait d'une sorte de labyrinthe d'échafaudages, permettant aux personnages de franchir à point nommé des zones spatiales qui sont autant de lieux successifs et simultanés étançonnant l'action ».

MARGUERITE DURAS

Elle naît en 1914 en Indochine où elle vit jusqu'à l'âge de dix-sept ans. Elle fait des études universitaires de mathématiques, de droit et de sciences politiques. Après un livre chez Plon, *Les Impudents* en 1943, elle publie successivement chez Gallimard *La Vie tranquille* (1944), *Barrage contre le Pacifique* (1950), *Le Marin de Gibraltar* (1952), *Les Petits Chevaux de Tarquinia* (1953), *Des journées entières dans les arbres* (1954), *Le Square* (1955), puis, aux Éditions de Minuit, *Moderato cantabile* (1958).

Son œuvre comporte une vingtaine de récits et de romans, des pièces de théâtre et des ouvrages divers (entretiens, numéro spécial des *Cahiers du cinéma*...). Elle coréalise un premier film en 1966, *La Musica*. Suivent en 1969 *Détruire, dit-elle*, en 1971 *Jaune le soleil,* en 1973 *La Femme du Gange*, en 1975 *India Song*, en 1976 *Baxter Vera Baxter*, *Son Nom de Venise dans Calcutta désert* et *Des journées entières dans les arbres*, en 1977 *Le Camion*, en 1978 *Le Navire Night*, en 1979 *Césarée*, *Les Mains négatives* et les deux *Aurélia Steiner*, en 1981 *Agatha et les lectures illimitées*, en 1982 *Dialogue de Rome* et *L'Homme Atlantique*, en 1985 *Les Enfants*. Son œuvre de metteur en scène est donc importante. Elle est, avec Jean Cayrol et Alain Robbe-Grillet, le troisième écrivain à avoir collaboré avec Alain Resnais qui ait été tenté par le moyen d'expression cinématographique au point de s'y essayer.

À l'époque de *Hiroshima mon amour*, elle déclara : « J'ai personnellement accepté tout de suite, au seul nom d'Alain Resnais. À cause de *Nuit et brouillard*, et aussi à cause de la sorte de bien que j'avais entendu dire de Resnais. *Hiroshima* m'a fait peur tout d'abord... Comment faire ? Grâce à Resnais, j'ai vu que la résurgence de Hiroshima était possible, que l'on pouvait au moins essayer de faire quelque chose de ce lieu. Il m'a expliqué longuement que rien, à Hiroshima, n'était "donné". Qu'un halo particulier devait y auréoler chaque geste, chaque parole, d'un sens supplémentaire à leur sens littéral. Alors on a essayé de faire renaître Hiroshima en une histoire d'amour. » Plus tard, Marguerite Duras s'est plainte d'avoir ignoré la clause du pourcentage et d'avoir reçu seulement un million d'anciens francs en paiement de son scénario et des dialogues, alors que, dix ans après, Resnais lui aurait confié qu'elle avait perdu environ vingt-deux millions. Elle a déclaré à Xavière Gauthier : « L'histoire je l'aurais écrite de la même façon pour d'autres metteurs en scène. » ; quant au film, « c'était le travail de Resnais, qu'il aurait pu faire indifféremment autour de n'importe quoi » (*Les Parleuses*, p. 82). D'après ce que l'on sait des conditions de la rédaction du scénario, la première assertion semble difficile à soutenir ; quant à la seconde, lorsqu'on connaît l'œuvre de Resnais, elle n'a pas grand sens. Il faut sans doute voir en elles les réactions de la déception de l'auteur qui ne se retrouve pas vraiment dans le travail du cinéaste. Il est certain qu'avec son scénario, Duras aurait réalisé un tout autre film. Le même problème se pose à propos de *L'Année dernière à Marienbad*. L'insatisfaction de Marguerite Duras, comme celle d'Alain Robbe-Grillet, ne font que souligner le fait que les films tournés à partir de leurs scénarios portent bien la signature d'Alain Resnais.

Que le scénario de *Hiroshima mon amour* ait des parentés profondes avec *Moderato cantabile* (comme le soutient Jean Pierrot) ou *La Douleur* (selon Marie-Claire Ropars-Wuilleumier) est possible, et même probable. Dans le numéro de la revue *Cahiers du Cinéma* qui lui a été confié, *Les Yeux verts*, Marguerite Duras donne quelques indications, notamment que le premier état du texte intitulé « L'Homme assis dans le couloir » a été rédigé la même année que le scénario de *Hiroshima mon amour* : « La phrase : "Tu me tues, tu me fais du bien." est dans ce texte pour la première fois. » Dans ce même numéro des *Cahiers du Cinéma*, on peut lire : « Je me souviens du 6 août 1945, on était mon mari et moi dans une maison de déportés près du lac d'Annecy. J'ai lu le titre du journal sur la bombe de Hiroshima. Puis je suis sortie précipitamment de la pension et je me suis adossée au mur devant la route, comme évanouie debout tout à coup. [...] Ensuite dans ma vie, je n'ai jamais écrit sur la guerre, sur ces instants-là, jamais non plus, sauf quelques pages, sur les camps de concentration.

De même, si *Hiroshima* ne m'avait pas été commandé, je n'aurais rien écrit non plus sur Hiroshima et lorsque je l'ai fait, vous voyez, j'ai mis face au chiffre énorme des morts de Hiroshima l'histoire de la mort d'un seul amour inventé par moi. »

GÉNÉRIQUE

Dix-sept cartons apparaissent sur une même photographie, à l'exception du premier, en lettres blanches sur fond noir. Ils sont ici donnés avec le texte qu'ils proposent dans son mode de présentation, ligne à ligne (chaque carton s'efface pour laisser place au suivant) ; nous avons seulement souligné les indications de métier, en caractères généralement plus petits que les noms propres.

1
Noir sur lequel apparaît en grosses lettres le nom de
Anatole Dauman
et *(caractères plus petits, italiques)*
2
Argos Films
Como Films
Daiei
Motion Picture Co Ltd *(caractères plus petits)*
Pathé Overseas Productions
présentent *(caractères plus petits)*
3
Emmanuèle Riva
Eiji Okada
dans *(caractères plus petits)*
4
Hiroshima mon amour *(au bas du champ)*
5
RÉALISATION Alain Resnais
6
SCÉNARIO ET DIALOGUES Marguerite Duras
7
avec *(caractères plus petits)*
Stella Dassas
Pierre Barbaud
et *(caractères plus petits)*
Bernard Fresson *(ce nom en caractères un peu plus importants que ceux des noms des deux autres acteurs dans ce carton, mais moindres que ceux des noms du réalisateur, etc.)*

8
DIRECTEURS DE LA PHOTOGRAPHIE Sacha Vierny
Takahashi Michio
OPÉRATEURS Goupil Watanabe et Ioda *(caractères plus petits)*
LUMIÈRE Ito
9
MUSIQUE Georges Delerue
Giovanni Fusco *(nom à l'horizontale au bas du champ, le nom de Delerue étant à gauche à la verticale sur deux colonnes)*
10
MONTAGE Henri Colpi, Jasmine Chasney
Anne Sarraute *(en caractères plus petits)*
11
DÉCORS *(à partir de ce carton, les noms sont en caractères plus petits que ceux qui ont précédé)*
Esaka
Mayo
Petri *(ces trois noms à la verticale sur la moitié supérieure du bord gauche du champ)*
ASSISTANT DÉCORATEUR Miyakuni *(en caractères plus petits que les autres noms propres ; à l'horizontale sur la moitié droite inférieure)*
12
SCRIPT Sylvette Baudrot
ASSISTANTS RÉALISATEURS I. Shirai
T. Andrefouet *(ce nom et les suivants en caractères plus petits que le précédent)*
J.-P. Léon, R. Guyonnet
Itoi Hara
13
ASSISTANTS OPÉRATEURS *(tous ces noms à la verticale le long du bord gauche du champ)*
J. Chiabaut
D. Clerval
Y. Nogatomo
N. Yamagutschi
RÉGISSEURS R. Knabe
I. Ohashi

ACCESSOIRISTES R. Jumeau, Ikeda

14

CHEFS MAQUILLEURS *(tous ces noms à l'horizontale, les deux premiers détachés dans la partie supérieure, les autres dans la moitié inférieure, les uns sous les autres)*
A. Marcus, R. Toioda

COIFFEUSE Eliane Marcus

COSTUMIER Gérard Collery

CONSEILLER LITTÉRAIRE Gérard Jarlot

SECRÉTAIRE DE PRODUCTION Nicole Seyler

15

INGÉNIEURS DU SON P. Calvet, R. Renault, Yamamoto

LABORATOIRE Eclair

ENREGISTREMENTS Marignan et Simo

16

DIRECTEURS DE PRODUCTION
Sacha Kamenka *(les caractères de ce nom retrouvent la taille de ceux utilisés pour les noms du réalisateur, de la scénariste, etc.)*
Shirakawa Takeo *(ce nom en caractères plus petits)*

17

PRODUCTEUR DÉLÉGUÉ
Samy Halfon *(même remarque que pour le nom de Sacha Kamenka)*

VISA DE CONTRÔLE n° 29890

Compléments d'information ne figurant pas dans le générique :

Noir et blanc
Durée : 1 h 31 (2 489 m)
Distributeur : Cocinor

Prénoms non précisés : Pierre Goupil (premier assistant avec un contrat de cadreur), Tanguy Andrefouet, Jean Léon, René Guyonnet, Jean Chiabault, Denys Clerval (les deux derniers ont chacun un contrat de premier assistant et travaillent en alternance), Alexandre Marcus, Pierre Calvet, René Renault (mixage).

Personnages incarnés par les acteurs : Emmanuèle Riva (la Française), Eiji Okada (le Japonais), Stella Dassas (la mère), Pierre Barbaud (le père), Bernard Fresson (le soldat allemand).

HIROSHIMA

Le nom de Hiroshima est devenu un symbole, effaçant presque celui de l'autre ville martyre, Nagasaki. Il est caractéristique que le film de Kaneto Shindo, *Les Enfants de la bombe atomique*, soit connu sous le titre *Les Enfants de Hiroshima*. Le film d'Alain Resnais est une autre manifestation de cette valeur symbolique en même temps qu'il a contribué à la reconduire. Peu de temps après, l'auteur de documentaires Erwin Leiser a réalisé un film consacré à l'énergie atomique, *Choisis donc la vie*, dont la partie principale se déroule à Hiroshima en 1962.

Pendant la Seconde Guerre mondiale, le Japon est un adversaire des alliés : il a signé avec l'Allemagne et l'Italie une alliance militaire (1936-1937). Il attaque d'abord la flotte américaine du Pacifique basée aux îles Hawaï, à Pearl Harbor (1941), puis s'empare des Philippines (1942) et arrive jusqu'aux portes de l'Inde et de l'Australie, tout en occupant une grande partie de la Chine.

Lumière et bruit

Des savants américains ont mis au point une bombe nouvelle

dans les laboratoires de Los Alamos. Cette bombe est expérimentée par les militaires dans le désert du Nouveau-Mexique, à Trinity Site, le 16 juillet 1945. La guerre n'est pas tout à fait achevée mais elle touche à sa fin. L'opération qui anéantit les deux villes de Hiroshima (le 6 août) et de Nagasaki (le 9 août) est strictement inutile d'un point de vue militaire. Il s'agit d'une expérimentation « scientifique » sur du matériel humain : Nagasaki suit Hiroshima comme une contre-épreuve, pour venir confirmer les résultats obtenus ; Bikini et Eniwetok peaufineront l'expérience en 1946, mais sans cobayes humains. Cette manière de faire n'est pas sans analogie avec celle des médecins nazis dans les camps de concentration. La seule victime américaine de Hiroshima fut le pilote de l'avion, Claude Eatherly, qui, prenant conscience de ce dont il avait été l'instrument, fut atteint de troubles mentaux graves.

« Entre les îles de Hondo, de Kioushiou, de Shikokou, s'étend une mer intérieure, calme et peu profonde, que les Nippons appellent la Méditerranée japonaise. Les côtes merveilleusement articulées y dessinent des baies superbes. Au fond de l'une d'elles, Hiroshima, l'une des plus belles villes du Japon, repose entre les cinq branches du fleuve Otha » (Maurice Pons). Ce port est peuplé de 360 000 habitants. Le 6 août 1945, un avion américain décolle de l'aéroport de Tinan vers 7 h 15. Un pasteur vient de bénir cet avion et a dit une prière pour le succès de sa mission. À 8 h 15, la bombe, longue de trois mètres, pesant quatre tonnes et baptisée *Little Boy*, est lâchée sur la ville. Les survivants l'appelleront *pika-don*, « lumière et bruit ». À 8 h 16, la ville de Hiroshima est quasiment rayée du globe. En soixante secondes, 78 150 morts, 37 500 blessés, 14 000 disparus. Des hommes désintégrés sont réduits à l'état d'ombres sur les pierres, les bouteilles fondent comme de la cire, l'asphalte aussi dans lequel se prennent les pattes et les pieds, les peaux humaines sont arrachées en lambeaux... Pour les *seizonshas*, les atomisés, commence une longue agonie : ils ont les oreilles rongées, les épaules et le dos mangés par des chéloïdes qui ne cicatrisent pas, les mains qui gonflent, le visage qui se boursoufle... Des monstres naissent dans le règne animal comme chez les humains. Le Président des États-Unis, Harry Truman, déclare : « Nous avons joué deux milliards de dollars sur le plus sensationnel coup de dés scientifique de l'Histoire – et nous avons gagné. » Dès 1945, les troupes d'occupation américaine font peser sur le Japon une censure implacable interdisant toute allusion à la bombe atomique et tout travail scientifique de la part des Japonais. En revanche, les services de la défense américains organisent une enquête systématique afin d'étudier les effets médicaux et biologiques de la radioactivité.

New Hiroshima

« La ville est entièrement reconstruite. Cité sans âme, morne, triste, sur laquelle plane un air étrange, Hiroshima se situe dans un autre monde. Le point où tomba la bombe s'appelle le désert atomique. C'est un grand parc sans caractère dans lequel se dresse le musée atomique où sont conservés et présentés des objets effrayants. Chiffres et graphiques expliquent la catastrophe et ses conséquences, dont certaines sont encore sensibles vingt ans après. Un hôpital, unique au monde en son genre, étudie les effets de l'explosion atomique sur l'organisme humain. Les blessés et survivants de 1945 sont soignés et suivis par le corps médical qui tente de multiples traitements. [...] Chaque année, les habitants de la ville célèbrent le festival de la Paix. Défilé des orphelins de la bombe, hymne à la paix, passage devant le monument du Souvenir... » (Claude Thibault, *Le Japon de A à Z*, 1964).

Les Japonais, d'abord soumis à la censure pour ce qui concerne les bombardements atomiques, voient la tutelle américaine se relâcher avec les débuts de la guerre de Corée. Dans les années 50, ils réalisent donc des films sur le sujet, une demi-douzaine en une année, impulsés par le syndicat des instituteurs. Les plus connus sont *Le Chant éternel de Nagasaki* (1951, de Tasaka Tomotara qui était à Nagasaki au moment du bombardement), *Les Enfants de Hiroshima* (1952, de Kaneto Shindo, d'après le best-seller de Arata Osada), *Hiroshima* (1953, de Hideo Sekigawa) dont des extraits figurent dans le film de Resnais, et *Scènes de la bombe A* (1953, de Tadashi Imai). Le thème atomique est nourri en 1954 par le retour au Japon des pêcheurs du Fukuryu maru, victimes des expériences de Bikini. Kurosawa lui-même réalise en 1955 *Vivre dans la peur*. Enfin, la série « Godzilla » attribue l'apparition des monstres aux effets des retombées de poussières radioactives. L'association japonaise contre les bombes A et H (Gensuikyo), très active, obtient que le Japon renonce solennellement aux armes nucléaires.

Le cinéma américain propose lui aussi dans les années 50 plusieurs œuvres évoquant la catastrophe nucléaire, mais de manière plutôt allégorique : *En quatrième vitesse* (1955, *Kiss Me Deadly*) de Robert Aldrich, *Le Monde, la chair et le diable* (1959, *The World, the Flesh and the Devil*) de Ronald Mac Dou gall et *Le Dernier Rivage* (1959, *On the Beach*) de Stanley Kramer.

Les mouvements pacifistes européens se développent, sous le signe de la colombe de la paix réalisée par Picasso, à la suite de l'appel de Stockholm (1950). Au cours des années 50, des expériences se déroulent qui sont à la fois les manifestations de la course à l'armement nucléaire le plus sophistiqué et celles d'une nouvelle stratégie mondiale, reposant sur la dissuasion et l'équilibre de la terreur : la première bombe atomique soviétique explose en août 1953, la première bombe H américaine en mars 1956, dans une île de l'atoll de Bikini, et la première bombe atomique française en février 1960, au Sahara. Des mouvements de protestation se développent ; des œuvres romanesques paraissent : *Les Fleurs de Hiroshima* de Edita Morris ou *Le Nuage* de Martine Monod.

CONTEXTES

En 1958, en France, le général de Gaulle revient au pouvoir et devient président de la République. La guerre d'Algérie, qui prend la suite de la guerre d'Indochine, pèse lourd dans le contexte politique de l'époque. Économiquement, la France accède à la consommation de masse : le revenu des familles ne cesse de croître. Le nouveau franc est créé et le Marché commun entre en vigueur.

La femme « moderne »

Des changements affectent aussi les mœurs. L'image de la femme se modifie. En 1956, le film de Roger Vadim, *Et Dieu créa la femme*, propose un personnage de jeune femme sexuellement indépendante (c'est vers cette époque que le rapport du Dr Kinsey sur la vie sexuelle de la femme américaine est traduit) ; le livre de Simone de Beauvoir, *Mémoires d'une jeune fille rangée* (1958), donne l'exemple d'une relation de couple originale. Or, c'est précisément ainsi que le sociologue Edgar Morin envisage l'héroïne du film de Resnais qui lui apparaît « comme un type nouveau d'individualité cinématographique, dans un nouveau type de rapports avec la vie ». Jean-Louis Bory la définit, après Jean-Luc Godard, comme une « George Sand 1959 », qui « se veut libre, *compte tenu* de ce qu'elle est : nullement intellectuelle (il n'est pas sûr qu'elle ait lu Simone de Beauvoir), pleine d'impulsions gentiment puériles, hantée par un passé douloureux, et peu habile à l'analyse introspective ». Resnais lui-même dit en 1984 : « Dans la vie provinciale que j'ai vécue, les femmes – spécialement les épouses – étaient extrêmement méprisées, opprimées, et traitées comme des cuisinières, et il y a sans doute eu chez moi une espèce de révolte contre ça. En effet, j'attachais beaucoup d'importance, dans *Hiroshima mon amour*, à montrer qu'une femme pouvait être aussi intéressante qu'un héros, aussi intelligente qu'un homme. »

Les nouvelles musiques

Musicalement, les années 50 sont marquées par les *Quatre études de rythme pour piano* d'Olivier Messiaen (à qui Resnais pensera pour la musique de *L'Année dernière à Marienbad*). La seconde de ces études a une très grande influence sur la jeune génération des musiciens. André Jolivet, un ami de Messiaen, crée un *Concerto pour piano et orchestre* (1951) et un *Concerto pour harpe et orchestre* (1952), Henri Dutilleux compose deux *Symphonies* (1951 et 1959). La *Sonate* de Jean Barraqué (1952) est une œuvre sérielle majeure de l'après-guerre. Parmi les pièces orchestrales de Messiaen pour la période, on compte *Réveil des oiseaux* (1953) et *Oiseaux exotiques pour piano et petit orchestre* (1956), œuvre commandée par Pierre Boulez pour les concerts du Domaine musical qu'il a fondé en 1954. Les deux premières saisons eurent lieu au Petit-Marigny. Le public peut entendre des œuvres de Webern, Schoenberg, Varèse, Messiaen, certaines pages de Stravinski et de Debussy... Boulez décide d'appliquer la notion de série à tous les éléments du son ; il compose en 1957 sa *Troisième Sonate pour piano*, où il se risque sur le terrain de l'aléatoire. En 1959, il s'installe en Allemagne. Parallèlement, Pierre Schaeffer et son Groupe de musique concrète travaillent dans une autre direction.

Les années 50 voient aussi la création de quelques œuvres importantes de Hans Werner Henze et de Karlheinz Stockhausen qui suit l'enseignement de Messiaen en 1952-1953, presque au même moment que Iannis Xenakis qui énonce sa théorie de la musique stochastique en 1956. Toujours durant cette période, plusieurs opéras de Benjamin Britten sont représentés. C'est en 1950 que *Le Prisonnier* de Luigi Dallapiccola est créé sur scène.

Le Nouveau Roman

Dans le domaine des sciences humaines, Claude Lévi-Strauss donne, avec le premier volume de son *Anthropologie structurale*, le coup d'envoi du structuralisme ; en janvier 1959, un colloque est organisé autour du mot « structure ». En même temps qu'il réfléchit sur la production romanesque contemporaine, Roland Barthes propose de nouvelles approches des écrivains « classiques » (Michelet, par exemple, ou, bientôt, Racine). Dans le domaine des lettres, selon le principe du chevauchement des générations, des auteurs comme Louis Aragon *(La Semaine sainte)*, Raymond Queneau *(Zazie dans le métro)*, Jean-Paul Sartre *(Les Séquestrés d'Altona)*, Paul Claudel (dont Jean-Louis Barrault monte *Tête d'or* à l'Odéon) occupent évidemment une place essentielle tandis que les représentants du Nouveau Roman produisent leurs premières œuvres : Michel Butor (*La Modification*, 1957), Alain Robbe-Grillet (*La Jalousie*, 1957), Nathalie Sarraute (*L'Ère du soupçon*, 1956), Jean

Cayrol (*Le Vent de la mémoire*, 1951), Marguerite Duras (*Moderato cantabile*, 1958), Claude Simon (*Le Vent*, 1957), Robert Pinget (*Graal Flibuste*, 1957)...

Après avoir collaboré avec Raymond Queneau et Paul Eluard, Resnais travaille avec Jean Cayrol, Marguerite Duras et Alain Robbe-Grillet. Ce n'est sans doute pas un hasard si, en 1965, Éric Rohmer s'affronte à Claude Simon dans une discussion assez vive : Claude Simon lui disait « qu'il ne pouvait y avoir de cinéma moderne que si l'image était subjective, c'est-à-dire que si l'image était une image mentale, telle qu'elle est chez Resnais ». On pourrait reprendre à propos de *Hiroshima mon amour* ce que Bernard Pingaud écrivait en 1958 (dans le numéro que la revue *Esprit* consacrait alors au Nouveau Roman) de *La Modification* dont « le sujet banal pourrait faire croire que Michel Butor a voulu traiter une fois de plus le problème psychologique du couple. Mais il suffit de lire le livre un peu attentivement pour comprendre que ce qui intéresse Butor n'est pas de savoir si le héros quittera ou non sa femme pour vivre avec sa maîtresse, moins encore de tirer de son attitude une quelconque philosophie de l'amour. Ce qui l'intéresse, c'est la « modification » elle-même, considérée comme le motif invisible d'une tapisserie aux multiples fils enchevêtrés. » Le film de Resnais est à sa façon le récit d'une « modification ».

Le nouveau cinéma

Les années 50 sont aussi d'une grande richesse dans le domaine cinématographique ; elles sont marquées par le développement de la critique en France, notamment à travers des revues comme les *Cahiers du cinéma*, *Positif*, *Cinéma*, *Image et Son*, et les chroniques tenues dans des hebdomadaires comme *Les Lettres françaises*, *Arts*, etc. En 1958 meurt André Bazin, critique aux *Cahiers du Cinéma* dont il était en quelque sorte l'un des maîtres à penser. En 1958-1959, plusieurs réalisateurs créent des œuvres de tout premier plan : Michelangelo Antonioni *(Le Cri)*, Ingmar Bergman *(Les Fraises sauvages)*, Kenji Mizoguchi *(Les Contes de la lune vague après la pluie)*, Luchino Visconti *(Nuits blanches)*, Alfred Hitchcock *(Sueurs froides)*, Orson Welles *(La Soif du Mal)*, Anthony Mann *(L'Homme de l'Ouest)*, Howard Hawks *(Rio Bravo)*... La grande époque du cinéma hollywoodien touche à sa fin ; en Europe et dans d'autres pays, des formes nouvelles apparaissent.

En France, quelques-unes des œuvres dont se recommanderont les réalisateurs dits de la Nouvelle Vague voient alors le jour : *Une Vie* (Alexandre Astruc),

Mon Oncle (Jacques Tati), *Deux Hommes dans Manhattan* (Jean-Pierre Melville), *Pickpocket* (Robert Bresson). Accèdent à la réalisation Louis Malle *(Les Amants* et *Ascenseur pour l'échafaud)*, Georges Franju *(La Tête contre les murs)*, Jean Rouch *(Moi, un Noir)*, François Truffaut *(Les 400 Coups)*... Un cinéma français représenté par René Clair, Marcel Carné, Julien Duvivier, Claude Autant-Lara, Christian-Jaque... entre en déclin. De nouveaux réalisateurs apparaissent aussi à l'étranger (Arthur Penn avec *Le Gaucher* aux États-Unis, les cinéastes anglais du *Free Cinema* : Tony Richardson, Lindsay Anderson, Karel Reisz...), des cinématographies mal connues sont découvertes (le cinéma polonais, par exemple, avec Andrzej Wajda et *Kanal*), la production « fantastique » de la Hammer en Grande-Bretagne se fait connaître grâce au *Cauchemar de Dracula* de Terence Fisher. Les années 50 voient la percée du cinéma japonais en Europe avec deux œuvres de Akira Kurosawa : *Rashomon* en 1952 et *Les Sept Samouraïs* en 1955. La Palme d'or du festival de Cannes 1954 revient à *La Porte de l'Enfer* de Teinosuké Kinugasa.

En 1958, Resnais donne aux *Cahiers du Cinéma* la liste, sans ordre préférentiel, des dix meilleurs films de l'année écoulée : *Les Amants*, *Le Cri*, *Kanal*, *Lettre de Sibérie*, *Nuits blanches*, *Pique-nique en pyjama*, *Rêves de femmes*, *La Soif du Mal*, *South Pacific*, *Une Vie*, soit Louis Malle, Michelangelo Antonioni (« Sur un certain plan, je crois même que nos préoccupations se sont recoupées »), Andrzej Wajda, Chris Marker (« Il avait une tribu de chats presque savants qui étaient chargés de transmettre leur science aux autres chats du territoire. »), Luchino Visconti (« Si je l'aime ? Plus encore que cela ! Avez-vous vu *Nuits blanches* dans la version italienne ? [...] Il se dégage de la langue un charme rare. J'ai vu le film six fois... »), Stanley Donen et George Abbott (« Le film musical américain que je préfère ? Je crois que c'est *Chantons sous la pluie*. »), Ingmar Bergman (Resnais ne cite que très rarement ce réalisateur), Orson Welles, Joshua Logan (sans doute parce qu'il s'agit d'une transposition d'un spectacle célèbre de Broadway de Rodgers et Hammerstein), Alexandre Astruc.

Les spectateurs cinéphiles (vus par Georges Perec)

« Il y avait, surtout, le cinéma. Et c'était sans doute le seul domaine où leur sensibilité avait tout appris. Ils n'y devaient rien à des modèles. Ils appartenaient, de par leur âge, de par leur formation, à cette première génération pour laquelle le cinéma fut, plus qu'un art, une évidence ; ils l'avaient toujours connu, et non pas comme forme balbutiante, mais d'emblée avec ses chefs-d'œuvre, sa mythologie. Il leur semblait parfois qu'ils avaient grandi avec lui, et qu'ils le comprenaient mieux que personne avant eux n'avait su le comprendre.

Ils étaient cinéphiles. C'était leur passion première ; ils s'y adonnaient chaque soir, ou presque. Ils aimaient les images, pour peu qu'elles soient belles, qu'elles les entraînent, les fascinent. Ils aimaient la conquête de l'espace, du temps, du mouvement, ils aimaient le tourbillon des rues de New York, la torpeur des tropiques, la violence des saloons. Ils n'étaient, ni trop sectaires, comme ces esprits obtus qui ne jurent que par un seul Eisenstein, Buñuel, ou Antonioni, ou encore – il faut de tout pour faire un monde – Carné, Vidor, Aldrich ou Hitchcock, ni trop éclectiques, comme ces individus infantiles qui perdent tout sens critique et crient au génie pour peu qu'un ciel bleu soit bleu ciel, ou que le rouge léger de la robe de Cyd Charisse tranche sur le rouge sombre du canapé de Robert Taylor. Ils ne manquaient pas de goût. Ils avaient une forte prévention contre le cinéma dit sérieux, qui leur faisait trouver plus belles encore les œuvres que ce qualificatif ne suffisait pas à rendre vaines (mais tout de même, disaient-ils, et ils avaient raison, *Marienbad*, quelle merde !), une sympathie presque exagérée pour les westerns, les thrillers, les comédies américaines, et pour ces aventures étonnantes, gonflées d'envolées lyriques, d'images somptueuses, de beautés fulgurantes, qu'étaient, par exemple – ils s'en souvenaient toujours – *Lola, La Croisée des Destins*, *Les Ensorcelés*, *Écrit sur du vent*.

Ils allaient rarement au concert, moins encore au théâtre. Mais ils se rencontraient sans s'être donné rendez-vous à la Cinémathèque, au Passy, au Napoléon, ou dans ces petits cinémas de quartier – le Kursaal aux Gobelins, le Texas à Montparnasse, le Bikini, le Mexico place Clichy, l'Alcazar à Belleville, d'autres encore, vers la Bastille ou le Quinzième –, ces salles sans grâce, mal équipées, que semblait ne fréquenter qu'une clientèle composite de chômeurs, d'Algériens, de vieux garçons, de cinéphiles, et qui programmaient, dans d'infâmes versions doublées, ces chefs-d'œuvre inconnus dont ils se souvenaient depuis l'âge de quinze ans, ou ces films réputés géniaux, dont ils avaient la liste en tête et que, depuis des années, ils tentaient vainement de voir. Ils gardaient un souvenir émerveillé de ces soirées bénies où ils avaient découvert, ou redécouvert, presque par hasard, *Le Corsaire rouge*, ou *Le Monde lui appartient*, ou *Les Forbans de la nuit*, ou *My Sister Eileen*, ou *Les Cinq mille Doigts du Docteur T.* Hélas, bien souvent, il est vrai, ils étaient atrocement déçus. Ces films qu'ils avaient attendus si longtemps, feuilletant presque fébrilement, chaque mercredi, à la première heure, *L'Officiel des spectacles*, ces films dont on leur avait assuré un peu partout qu'ils étaient admirables, il arrivait parfois qu'ils fussent enfin annoncés. Ils se retrouvaient au complet dans la salle, le premier soir. L'écran s'éclairait et ils frémissaient d'aise. Mais les couleurs dataient, les images sautillaient, les femmes avaient terriblement vieilli ; ils sortaient ; ils étaient tristes. Ce n'était pas le film dont ils avaient rêvé. Ce n'était pas ce film total que chacun parmi eux portait en lui, ce film parfait qu'ils n'auraient su épuiser. Ce film qu'ils auraient voulu faire. Ou, plus secrètement sans doute, qu'ils auraient voulu vivre » (Georges Perec, *Les Choses. Une histoire des années soixante*, © éd. Julliard, 1965).

GENÈSE DU FILM

Les conditions économiques

La société Argos, spécialisée dans le court métrage et productrice des films de Resnais, décide de tenter l'expérience du long métrage. La société Como Film, ex-satellite d'Argos, passe à Pathé Overseas, une société chargée de favoriser le commerce du film entre l'Asie et la France et représentant en France un des trusts les plus importants du cinéma japonais : la Daiei. Le fondateur de la Daiei est Masaichi Nagata (né à Kyoto en 1906). Après avoir dirigé la société Nikkatsu, il forme sa propre société, la Daiichi, avec des moyens réduits ; elle tient deux ans et compte parmi ses productions *Les Sœurs de Gion* de Mizoguchi. En associant les restes de Nikkatsu ruinée à deux autres petites sociétés, M. Nagata constitue en 1941 la Daiei qui survit pendant la guerre grâce à de bonnes relations avec les militaires et à une association avec la firme Fuji. Un contrat privé est passé en 1955 entre Pathé Overseas et la Daiei prévoyant la construction d'une maison du cinéma japonais à Paris. Au même moment, un accord général entre les cinémas français et japonais est discuté : cet accord vise à établir un programme suivi de coproductions tournées alternativement au Japon et en France par des équipes mixtes et qui bénéficieraient de la double nationalité, c'est-à-dire de l'aide au cinéma et de la possibilité d'être projetées au Japon sans entrer dans une limitation de quotas. La Daiei cherche des sujets en vue de coproductions avec la France. Tel est le contexte qui va permettre la réalisation de *Hiroshima mon amour*.

Pathé Overseas et Cosmo (téléguidé par Argos) entreprennent de créer un département production. Argos cherche un sujet de long métrage pour Resnais qui a réalisé pour elle *Nuit et brouillard*. Hiroshima et la guerre atomique sont choisis en vue d'un documentaire sur les effets de la bombe A. Resnais accepte. Trois producteurs de courts métrages se sont donc associés pour la réalisation d'un long métrage. Resnais est présenté à M. Nagata qui avance une somme équivalent à douze millions de yens qu'Argos doit rembourser au bout de dix-huit mois. Grâce à cette avance, le film a pu être terminé et obtenir la prime à la qualité. Resnais a ainsi résumé la situation de départ en

1984 : « *Hiroshima mon amour*, c'est Anatole Dauman et Samy Halphon qui voulaient que je fasse un film sur la bombe atomique, avec Chris Marker. Chris Marker s'est retiré rapidement car il ne voyait pas ce qu'on pouvait faire. J'ai vu plusieurs films, j'ai dit : il y a de très bons documentaires là-dessus, on ne peut pas faire mieux. Mais il y avait des yens bloqués au Japon, et il fallait faire un film qui se passe au Japon. Par hasard, Marguerite Duras avait su que j'avais prononcé son nom, elle a demandé à me voir et je lui ai expliqué pourquoi on ne pouvait pas faire un film sur la bombe atomique. Et de fil en aiguille, l'idée est venue de faire un film dans lequel on ne parlerait pas de la bombe atomique, mais où elle serait là quand même. »

Le scénario

Resnais réfléchit d'abord à un scénario de type documentaire qu'il abandonne pour un film de fiction. « Quand j'ai commencé à penser à *Hiroshima*, je voyais une jeune femme seule à la terrasse d'un café ; le café disparaissait brusquement et la place devenait déserte. Puis j'ai eu l'idée de deux histoires qui s'imbriqueraient l'une dans l'autre et qui seraient toutes deux racontées au présent. Dans mes conversations avec Marguerite Duras, j'utilisais l'image de deux peignes entrecroisés. » Un premier scénariste, Yéfime, ami de Chris Marker et auteur d'un livre sur le Japon, travaille quelques mois au projet, sans résultat. Resnais demande alors une scénariste. Françoise Sagan et Simone de Beauvoir, d'abord envisagées, sont abandonnées au profit de Marguerite Duras. Resnais a vu *Le Square* aux Mathurins ; il a remarqué une « sonorité ». Il vient de lire *Moderato cantabile* dont il voudra réaliser une adaptation en 16 mm pour en faire la surprise à l'auteur avant *Hiroshima mon amour*. En deux mois et demi, Duras rédige un livre (Marie-Claire Ropars-Wuilleumier signale que *La Douleur*, texte de Duras qu'elle rapproche de *Hiroshima mon amour*, aurait pu être écrit en avril 1945). Resnais lui demande alors d'écrire toute l'histoire des événements et des personnages (méthode qui est aussi celle de John Ford), ce qu'il appelle la « continuité souterraine » du film. Cette collaboration d'un écrivain et d'un cinéaste, sous cette forme, est très originale : « Marguerite Duras, convoquée comme écrivain mais pour écrire un scénario original, non un roman, et chargée de tracer autour du projet initial un réseau de pistes romanesques dont le film ne s'inspirera qu'en les effaçant. En se livrant ainsi à un simulacre d'adaptation, le réalisateur semble vouloir mettre le cinéma en position de lecture par rapport à une fiction dont il conduirait en même temps l'écriture. Au moment même où il s'écrit, et dans la plus extrême littérarité, le texte se trouve déjà lu, comme dispersé et démantelé par le film à venir, image et texte confondus » (Marie-Claire Ropars-Wuilleumier, *Écraniques*, p. 35).

Par la suite, Resnais, comme il fera toujours, ne touche pas au scénario. Lorsqu'il souhaite le faire, il envoie à l'écrivain un télégramme pour lui demander son autorisation. Une différence est le détail de « l'admirable femme japonaise » et de « l'encorbellement de ses seins » d'où Duras faisait s'envoler des colombes lors de la manifestation et auquel Resnais a préféré un globe fleuri qui s'ouvre pour libérer les volatiles ; cette sobriété caractérise bien le cinéaste. Duras note aussi, à propos de la même scène, que Resnais a conservé la faute qu'elle avait commise (le « l » absent du mot « intelligence » qui figure sur une pancarte) : on peut y voir une très discrète allusion au prénom de l'actrice du film qu'elle-même écrit Emmanuèle.

Les acteurs

Resnais voit Emmanuèle Riva (née en 1927) au Théâtre de L'Œuvre dans *Le Séducteur* de Diego Fabbri et *Espoir* de Bernstein. La photo de cette actrice de théâtre lui est montrée dans une agence. Lorsqu'il remet le paquet de photos, l'une d'entre elles tombe à terre qu'il ramasse et retourne comme une carte à jouer. Il demande qui représente cette photo : c'est encore Riva mais avec une expression très différente de celle qu'elle avait sur la première. Il rencontre l'actrice, prend des photos d'elle, lui fait tourner un bout d'essai, puis rencontre Duras qui approuve son choix. Lancée par *Hiroshima mon amour*, Emmanuèle Riva fera une carrière cinématographique. Quant à l'acteur japonais, Eiji Okada (né en 1920), Resnais l'aurait remarqué dans *Le Christ en bronze* de Minoru Shibuya. Okada a joué dans des films « de gauche », notamment dans des œuvres de Tadashi Imai, cinéaste communiste, et dans *Hiroshima* (1953) de Sekigawa (il sera en 1964 l'acteur de *La Femme des sables* de Hiroshi Teshigahara). Resnais aurait demandé une photo de lui en costume moderne avant de se décider. Okada ne parlant pas français devra apprendre tout son texte phonétiquement.

Pierre Barbaud, le père de la Française, est le musicien de deux films d'Alain Resnais, *Le Chant du Styrène* et *Le Mystère de l'atelier quinze* (il a également composé la musique de films de Chris Marker et d'Agnès Varda et rédigé un ouvrage sur Haydn dans la collection « Solfèges »). Il fait des apparitions dans *L'Année dernière à Marienbad*, *La guerre est finie*, et *Je t'aime, je t'aime*. Bernard Fresson, dont c'est la première apparition (très discrète) à l'écran, vient du théâtre ; il tiendra des rôles dans plusieurs films de Resnais (*La guerre est finie*, *Je t'aime, je t'aime*, *Loin du Vietnam*, où il interprète Claude Ridder, le personnage de Claude Rich dans *Je t'aime, je t'aime*).

Au Japon

Resnais part au Japon faire les repérages. Il peut emmener une personne avec lui. Il choisit Sylvette Baudrot, la script (elle vient de travailler en 1958 avec Jacques Tati pour *Mon Oncle*), plutôt qu'un opérateur, parce qu'elle peut faire le lien entre les deux tournages et bien sûr se soucier des raccords de gestes (entre Hiroshima et Nevers) ou se préoccuper des raccords de perruques et de costumes dans l'épisode Nevers. Il lui demande de lire les romans de Duras qu'elle ne connaît pas et l'envoie voir *Un barrage contre le Pacifique* de René Clément, adaptation cinématographique d'une œuvre de la romancière datant de 1950.

Au Japon, Resnais prend des photos, visionne les archives cinématographiques. « Quand je suis arrivé à Hiroshima pour la première fois, j'ai quitté l'hôtel à trois heures du matin et je suis parti au hasard à travers la ville. J'essayais de m'identifier à l'héroïne du film. J'ai erré, comme elle, dans les rues, en me laissant guider par les lumières, et comme elle, j'ai abouti à la gare. » Il séjourne quarante-huit heures à Hiroshima. Il est rejoint par Sylvette Baudrot et Emmanuèle Riva. Avant le tournage, ils répètent pendant quinze jours. Sylvette Baudrot collabore à la préparation et aux repérages. Elle est la seule à parler français avec Emmanuèle Riva, le réalisateur et Tanguy Andrefouet (assistant, il travaille aussi à la régie). Elle note les lieux où Resnais désire tourner, transmet au premier assistant japonais qui demande les autorisations de tournage et s'occupe des tâches administratives. Elle se charge aussi du plan de travail ; elle fait les photos du film. Elle est donc tour à tour scripte, assistante, photographe de plateau, doublure lumière de Riva (Andrefouet doublant Okada). La production lui achète sur place un appareil Mamyaflex avec trois objectifs pour la dédommager de ses heures supplémentaires. Le film se fait souvent avec les moyens du bord. « On n'avait pas d'argent, et il fallait organiser un grand défilé pour la paix, mais les gens viendraient-ils ? Ils étaient un peu las des défilés et de Hiroshima. Alors c'était terrible, j'avais peur d'avoir un défilé minable... [...] C'est la moyenne qui est arrivée, il y avait des étudiants, pas beaucoup, c'était un petit défilé. Alors des gens m'ont reproché de ridiculiser Hiroshima, de montrer un défilé désespérant, etc. Mais c'était comme c'était. »

Le tournage au Japon, qui se déroule à Hiroshima et à Tokyo pour quelques intérieurs, prend dix-sept jours en août-septembre 1958. N'ayant pas amené d'opérateur français avec lui, Resnais a opté pour une équipe japonaise. On lui montre plusieurs films afin qu'il choisisse un opérateur. Ce sera Takahashi Michio qui, à la lecture du scénario, voit tout de suite un rapport entre ce film à faire et *Orphée* de Cocteau. « Ce qui nous a été d'un grand secours, c'est la communauté de langage que nous donnaient certaines références cinématographiques communes. *Orphée*, par exemple – un film que j'aime bien –, fut un très précieux système de références. Toute l'équipe connaissait *Orphée* et ne jurait que par lui. Le film nous servait d'interprète en quelque sorte et quand je voulais obtenir quelque chose de précis qui n'était pas très bien compris, je le traduisais en me référant au langage d'*Orphée*. [...] Je pense par exemple à ce passage où Roger Blin explique au commissaire qu'il y a eu l'accident, que la voiture noire est arrivée et que... Eh bien, il y a là un plan qui, sans aucun enchaînement, vient nous montrer l'accident et on revient ensuite tout aussi brutalement au commissariat. C'est un des plans qui me permettaient d'expliquer ce que je voulais obtenir. »

En France

Le découpage se présente d'abord sous forme de cahiers (un cahier par acte). Un second découpage ne comporte que les scènes à tourner en France. Le tournage est de douze jours, à Nevers et Autun, avec une équipe réduite, en décembre 1958. Resnais prend comme premier assistant réalisateur Jean Léon sur le conseil de Sylvette Baudrot. C'est le premier long métrage de Sacha Vierny qui fait l'image de Nevers, pour laquelle il utilise de longues focales. Resnais lui demande de s'occuper aussi du cadre. Sacha Vierny n'a vu aucune image tournée à Hiroshima afin qu'il ne puisse s'inspirer de la photographie japonaise, même inconsciemment. Beaucoup de plans tournés à Autun n'ont pas été gardés : Emmanuèle Riva et Bernard Fresson se promenant dans les champs, Emmanuèle Riva à vélo... Resnais termine en décembre par les passages se déroulant à Nevers. Au total, 27 500 mètres ont été impressionnés pour un film de 1 h 31 (on calcule qu'à cette époque il faut au moins 30 000 m de pellicule pour un film de 1 h 30).

Revenu du Japon, Resnais se voit demander par les producteurs d'étoffer l'histoire et la matière de Nevers. Ces scènes sont réalisées mais elles ne seront pas gardées car elles appartiennent à la « continuité souterraine » et doivent le rester. « Les plans plus anecdotiques que nous avions songé un moment à rajouter pour étoffer l'histoire de Nevers, nous avons dû y renoncer ; ça n'allait plus, on avait l'impression que la fille réfléchissait avant de parler. »

Le montage et le mixage sont faits en France. La totalité des rushes est projetée dans les premiers jours de janvier 1959, preuve que Resnais ne tient pas à ce que le montage commence en son absence et qu'il est sûr de lui au point de savoir qu'aucun raccord de tournage ne sera nécessaire. La première quinzaine du montage est occupée à organiser, classer, numéroter, à effectuer quelques retirages. Le montage proprement dit débute, comme le tournage, par le deuxième acte, c'est-à-dire le passage qui se déroule le matin dans la chambre d'hôtel. Le travail se déroule dans une atmosphère détendue : les participants sont liés par des relations d'amitié et Resnais a la réputation d'être doté d'un sens de l'humour assez développé.

Le film est post-synchronisé à Paris ; Eiji Okada fait le voyage. Pour la musique, Alain Resnais contacte le compositeur Luigi Dallapiccola qui refuse. Il pense à Giovanni Fusco, mais le fait que celui-ci a travaillé avec Antonioni, notamment pour *Le Cri* (1957), lui semble un handicap et le fait hésiter. La décision prise, « Fusco est arrivé à Paris dans les vingt-quatre heures. À midi, je lui présentais une copie de travail de *Hiroshima* et le soir, à sept heures, il m'expliquait le film. Il l'avait entièrement senti, assimilé. Il avait tout compris : le jeu des contradictions, celui de l'oubli..., tout. En une journée, nous nous mettions d'accord pour la musique. Vous vous souvenez peut-être de celle de Hans Eisler pour *Nuit et brouillard* ? Eh bien, ce qui est extraordinaire, c'est qu'il y a dans *Hiroshima* – au début, pendant la séquence du musée – une phrase mélodique qui, pendant vingt secondes, se trouve être absolument le thème de Eisler que Fusco ne connaissait absolument pas et qu'il avait spontanément retrouvé. Je suis toujours très frappé par ce genre de convergences. Dans le cas présent, j'ai trouvé cela d'autant plus impressionnant que la musique était pour moi capitale. »

Cannes

Hiroshima mon amour n'est pas présenté en compétition au festival de Cannes 1959. La commission de sélection voit le film en copie de travail, sans musique et privée de nombreux effets sonores. Elle l'écarte, pensant qu'il pourrait déplaire aux Américains qui ont lancé les bombes sur Hiroshima et sur Nagasaki. Sous la pression de l'opinion, le film est projeté hors festival à la place d'un film soviétique qui avait fait défaut. Il obtient le prix de la Fipresci (Fédération internationale de la presse cinématographique) et de la Société des écrivains de cinéma. Toujours en 1959, il obtient, en Belgique, le Grand Prix annuel de la critique de cinéma et le Prix annuel de la Fédération socialiste des ciné-clubs récompensant le meilleur film social, et en France le prix Méliès. L'année suivante, le prix de la critique et des distributeurs lui est accordé à New York.

L'exploitation

Le film était précédé de la réputation d'être une œuvre scandaleuse. La publicité a évidemment insisté sur l'image du couple, sur la relation entre un homme de couleur jaune et une femme blanche, « un film sur l'Amour, l'amour qui foudroie, qui brave les lois, ignore les frontières de l'espace et du temps » (publicité Cocinor).

La première du film a lieu le 10 juin 1959 à Paris aux cinémas Georges-V et Vendôme. La revue *Le Film français* (spécial hiver 1959-1960, n° 817-818) donne les chiffres suivants : avec 255 900 entrées pour quarante-neuf semaines et trois jours, *Hiroshima mon amour* est le trente-sixième film d'une liste de cent cinquante ayant dépassé cent mille entrées pour le total de l'exclusivité Paris-villes clés de province ; soit 160 368 entrées pour 33 semaines à Paris (24e film sur 150) ; en province (Bordeaux, Lille, Lyon, Marseille, Nancy, Strasbourg, Toulouse) pour 13 semaines et 3 jours, 95 532 entrées (51e film sur 150). Les records pour cette période sont le film de Chabrol, *Les Cousins* (550 000 spectateurs à Paris, 380 000 dans les villes clés), et *Les Dix Commandements* (526 000 à Paris, 408 000 dans les villes clés). L'exploitation à Bruxelles, Zurich, Lausanne, Genève, Berne, Bâle est un succès, ainsi que dans les grandes villes d'Allemagne et des Pays-Bas. Le film est interdit dans les cantons du Valais et de Lucerne pour des raisons religieuses. Resnais constate : « L'accueil a été particulièrement favorable en Italie, en Amérique du Sud, en Belgique, en Angleterre... sauf au Japon. »

L'HISTOIRE

La première page du synopsis de Marguerite Duras donne les indications suivantes : « Nous sommes dans l'été 1957, en août, à Hiroshima.

Une femme française, d'une trentaine d'années, est dans cette ville. Elle y est venue pour jouer dans un film sur la Paix.

L'histoire commence la veille du retour en France de cette Française. Le film dans lequel elle joue est en effet terminé. Il n'en reste qu'une séquence à tourner. C'est la veille de son retour en France que cette Française, qui ne sera jamais nommée dans le film – cette femme anonyme – rencontrera un Japonais (ingénieur, ou architecte) et qu'ils auront ensemble une histoire d'amour très courte.

Les conditions de leur rencontre ne seront pas éclaircies dans le film. Car ce n'est pas là la question. On se rencontre partout dans le monde. Ce qui importe, c'est ce qui s'ensuit de ces rencontres quotidiennes. »

Cette page suffit car « ce qui s'ensuit » n'est pas une « histoire » que l'on peut résumer. À vrai dire, il ne se passe rien. Il s'ensuit des paroles qui disent précisément la difficulté de parler d'Hiroshima, qui racontent la remontée des souvenirs de la jeune femme : à dix-huit ans à Nevers, elle aime un soldat allemand (il est abattu, elle devient folle, on la tond, on l'enferme) ; il s'ensuit aussi une errance dans la ville, une série de rencontres et d'éloignements entre elle et lui, de rencontres et d'éloignements entre le passé et le présent, entre Hiroshima et Nevers. Tout le film est dans cet entrelacs. Youssef Ishaghpour dit bien que « dans ce film, c'est le processus du film, son écriture, qui créent un sens, ne lui préexistant pas et ne pouvant pas y être re-présenté » (*D'une image à l'autre*, p. 192). Cette œuvre ne peut se raconter ou, du moins, suivre le fil de son récit reviendrait à manquer l'essentiel.

On pourrait par exemple voir en elle un autre *Brève Rencontre*, film célèbre de David Lean de 1945. La rencontre dans le film de Resnais est d'autant plus brève qu'elle ne dure que vingt-quatre heures alors que la liaison de l'héroïne du film anglais avec un médecin dure plusieurs semaines. Il y aurait certes des rapprochements à effectuer : l'histoire présentée du point de vue de la femme, le décor du buffet de gare... mais ils sont superficiels. Rien de plus différent que les deux œuvres, celle de Lean mettant « une esthétique de la grisaille » au service d'« une éthique de la résignation », pour reprendre les termes de Jacques Lourcelles (*Dictionnaire du cinéma*, coll. « Bouquins », p. 173) qui ne peuvent certainement pas s'appliquer au film de Resnais. Surtout, stylistiquement, *Hiroshima mon amour* se trouve aux antipodes de *Brève Rencontre*, film fondé sur des retours en arrière *(flash-back)*, procédé que Resnais s'ingénie à subvertir. La femme de *Brève Rencontre* raconte sa passion par ces *flash-back*, Resnais met en relation deux moments du temps, ce qui est un projet entièrement différent.

On pourrait penser aussi à tous ces films qui font de la remontée d'un souvenir la « clé » permettant la résolution des problèmes d'un personnage, de *La Maison du docteur Edwards* (1945) à *Marnie* (1964), tous deux d'Alfred Hitchcock, en passant par *La Vallée de la Peur* (1947) de Raoul Walsh et *Soudain l'été dernier* (1959) de Joseph L. Mankiewicz. « Dans chacun de ces films, le héros a une conduite anormale, dictée par on ne sait quoi. Après une sombre lutte intérieure, le "malade" finit par faire resurgir le "souvenir oublié". Ce souvenir, intensément revécu, nous donne la clé de l'énigme et libère enfin le héros de ses obsessions. Le voilà, au dernier plan, purgé, guéri, serein » (Marc Vernet). Il y a toujours dans ce type de scénario un suspense lié à la révélation du souvenir dans son intégralité. Dans *Hiroshima mon amour*, tout enjeu de ce type est annulé : en effet, le personnage de la Française n'a de conduite « anormale » que dans le passé, il n'y a pas d'énigme à proprement parler, il n'y a pas de résolution non plus ; les spectateurs qui aiment qu'un film conclue de façon nette sur le sort des personnages seront déçus car celui-ci s'achève sur un point d'interrogation : la Française restera-t-elle à Hiroshima ou rentrera-t-elle en France ? Questions oiseuses auxquelles Alain Resnais et Marguerite Duras se sont amusés à donner des réponses contradictoires à la sortie du film. Les personnages n'ont pas d'autre existence que celle que leur accorde le film dans ses limites propres. La remontée du souvenir n'« explique » rien et ne résout rien ; le vrai sujet du film est l'interpénétration des temporalités, les glissements du passé au présent, les échanges entre les personnalités de l'Allemand et du Japonais.

Marguerite Duras situe l'action en 1957 ; elle précise que la Française avait vingt ans en 1945, lorsqu'eut lieu le bombardement d'Hiroshima, ce qui lui ferait trente-deux ans. Or le script indique que, depuis qu'elle est arrivée à Paris et qu'elle a appris la nouvelle de Hiroshima, quatorze années se sont écoulées : elle a donc trente-quatre ans, et l'action se déroule en 1959 et non en 1957.

Au fil de l'œuvre

Il est difficile de réduire ce film à une série de « séquences » ou de « scènes », ce qui reviendrait à instaurer une linéarité et à donner à l'œuvre une composition traditionnelle que précisément elle récuse. Ce qui importe, ce ne sont pas les actions mais les sentiments des personnages, les émotions suscitées chez le spectateur. « Tous mes films n'ont jamais été qu'une mise en place et une suite de chocs émotionnels. Je parle des films de fiction. » « Quand on fait un film, on ne transmet pas un message, on transmet des émotions. »

Le film est constitué d'ensembles qui sont le plus souvent des blocs d'affects. Le nombre des plans, leur durée, les accompagnements sonores sont importants à préciser car ils sont les indices de phénomènes de densification ou d'aération, de condensation ou de respiration plus libre. L'utilisation de plans-séquences au milieu d'un montage très morcelé est également une autre caractéristique capitale, comme celle des fondus enchaînés relativement au montage *cut*. Il faudrait aussi pouvoir parler des degrés de luminosité : ils contribuent à donner corps à la forme de l'œuvre. Nous proposerons donc deux « découpages », le premier se fonde essentiellement sur la bande image, ses variations, les fermetures au noir, marques de ponctuation fortes ; l'autre, que nous empruntons à Henri Colpi (dans son livre *Défense et illustration de la musique dans le film*), repose surtout sur la bande son. Le partage, comme on le verra, n'est pas aussi net qu'il le semble et, d'un

« tableau » à l'autre, des recoupements s'opèrent comme des divergences apparaissent. La juxtaposition de ces deux manières d'envisager les articulations du film (d'autres étaient envisageables ; il était possible, par exemple, de dissocier la musique des dialogues) est destinée à donner une plus juste idée de ce dernier et de sa complexité : au lecteur d'opérer dans son esprit la surimpression nécessaire et d'effacer ce qui lui semble devoir l'être.

Ensembles visuels

1. Le générique (1 min 30 s) se déroule sur une photographie difficilement interprétable, et on entend le premier thème musical du film (et son dernier puisqu'il s'achève par lui), celui de l'Oubli : répétition de groupes de six notes identiques. Les premières notes se font entendre sur le noir qui précède l'apparition du nom d'Anatole Dauman. Une longue fermeture au noir clôt cet ensemble ; le passage à l'ensemble suivant se signale également par un changement de thème musical.

Noir

2. Une série de quatre plans reliés par des fondus enchaînés montre deux corps étroitement enlacés au niveau du buste ou du dos et cadrés de très près. La durée de cet ensemble est d'environ 1 min. On entend le thème des Corps, au piano pendant les deux premiers plans puis par l'orchestre à partir du troisième.

3. Cet ensemble est assez long (près de 9 min) et s'achève par une fermeture au noir. Il s'agit en fait de sept ensembles thématiques (l'hôpital de Hiroshima, le Musée, la reconstitution filmique du 6 août 1945, les mutilations corporelles, la douceur apparente des rescapés, la révolte des villes, le souvenir) séparés par des plans du couple enlacé suivis par une très rapide ouverture au noir ; les visages du couple ne sont jamais visibles, en revanche les mains omniprésentes sont celles d'une femme, le dos celui d'un homme. L'unité provient principalement du récitatif : une voix féminine parle de l'expérience d'une femme qui a visité les lieux, vu les documents, etc., tandis qu'une voix masculine dotée d'un fort accent étranger nie que cette femme ait pu voir quoi que ce soit (de « Tu n'as rien vu, à Hiroshima. Rien. », « Non. Sur quoi aurais-tu pleuré ? » à « Non. Tu ne connais pas l'oubli. », « Non. Tu n'es pas douée de mémoire. »). Chaque négation clôt ou ouvre un ensemble thématique et peut suffire à le faire (comme à la fin du troisième ou du cinquième) sans qu'un plan du couple apparaisse. Chacun des sept ensembles possède ses caractéristiques (les plus remarquables sont dans le dernier les plans montés *cut* de la coupole du palais de l'Industrie, de plus en plus rapprochés et accompagnés de l'un des thèmes musicaux du Musée, ainsi que les travellings avant dans l'hôpital, liés à ce que Henri Colpi décrit comme une « musique “blanche” par alto et contrebasse »).

Noir

4. Il débute par un plan du couple enlacé et se clôt par la même photographie que celle du générique cadrée d'un peu plus loin. Le thème du Musée s'achève sur ce petit ensemble de 13 plans et de 47 s environ qui évoque un recommencement de l'événement dans le futur : « Ça recommencera. » répète têtue la voix féminine.

5. À la répétition dans le futur cette voix superpose maintenant l'idée d'une répétition « naturelle » immémoriale, celle des marées continuant d'emplir « les sept branches de l'estuaire en delta de la rivière Ota » ou de se retirer, malgré l'absence de l'homme. Ces 35 s, accompagnées d'un nouveau thème, celui du Fleuve, montrent une série de sept plans de ponts ou d'eau reliés par des fondus enchaînés. Dans le dernier enchaîné, qui fait passer à l'ensemble suivant, les mains reviennent comme si elles remontaient du fond de l'eau.

6. 1 min 23 s au long desquelles s'enchaînent cinq travellings avant (dont l'un de 30 s) dans des rues ou sur des berges de la ville. Le récitatif se fait plus haletant tandis que le thème musical des Corps revient. Sur le dernier plan montrant des rails de tramway apparaissent les mains et l'image du couple grâce à un fondu enchaîné.

7. 2 min 49 s. La musique et le récitatif cessent et cèdent la place au dialogue et à des sons appartenant à l'univers des personnages (des grillons, de la musique japonaise, la toux d'un homme). Cet ensemble comporte trois moments. Pour la première fois les visages des protagonistes sont montrés dans deux plans (qui font 20 s) entre deux fondus enchaînés. Suivent, également entre dcux fondus enchaînés, deux plans (1 min 34 s) des amants allongés et dialoguant (le spectateur

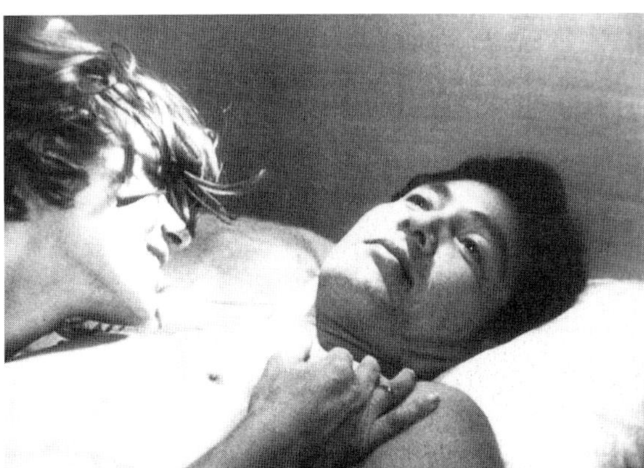

apprend ainsi qu'il est quatre heures du matin car tous les jours à cette heure passe un homme qui tousse : cette répétition de la vie ordinaire vient s'ajouter aux autres répétitions évoquées). Dans un dernier plan de 55 s, entre un fondu enchaîné et une fermeture au noir, le Japonais pose des questions à la Française. Il apprend qu'elle est actrice et qu'elle est venue au Japon pour travailler dans un film. À l'époque de Hiroshima, elle était à Nevers ; lui était soldat. C'est la première fois que les noms des deux villes sont associés.

Noir

8. Un ensemble de vingt et un plans et de 4 min 52 s qui se divise en cinq moments très distincts : il est ponctué par une image souvenir, deux fondus enchaînés, une image dans le miroir et il s'achève par une fermeture au noir. Il fait jour, la Française est éveillée, elle est en kimono sur une terrasse et regarde des cyclistes en contrebas, une tasse à la main. Elle se dirige vers l'encadrement de la porte de la chambre et remarque la main du Japonais qui bouge dans son sommeil. Ce détail introduit celui de la main d'un soldat allemand en train de mourir (du sang coule sur son visage) ; une jeune fille (l'héroïne) embrasse ce soldat sur la bouche. Cette image du

passé dure 4 s. Jusqu'à cet endroit, les plans, au nombre de cinq (48 s), sont accompagnés par le thème du Fleuve. La suite de la scène (c'est-à-dire son second moment : huit plans, 54 s) montre l'éveil du Japonais et la musique cède la place à un dialogue entre les amants qui s'achève par un fondu enchaîné. Le troisième moment ne comporte toujours pas de musique ; il est fait d'un seul plan d'un peu plus de 1 min ; la Française se douche, elle est rejointe par le Japonais et ils échangent des paroles qui apprennent qu'il l'a rencontrée la veille au soir dans un café. Après un fondu enchaîné, les deux personnages se trouvent sur la terrasse : elle est en kimono, elle mord dans une pomme, il est habillé et porte une chemise rayée. Leur conversation se poursuit pendant cinq plans et durant 1 min environ : à l'époque de Hiroshima, elle venait de quitter Nevers. C'est la seconde fois que les noms des deux villes sont associés : le Japonais trouve que Nevers « est un joli mot français ». Le cinquième moment comporte deux plans (48 s). Dans le premier, le visage de la Française est vu dans un miroir, elle semble nommer l'homme en épelant le nom de Hiroshima, syllabe par syllabe. Dans le second plan, c'est son visage à lui dont le reflet est montré ; il adopte le ton du récitatif. Le thème musical du Musée associe les deux plans.

Noir

9. Ces neuf plans (6 min et environ 20 s) comportent une double unité. D'abord une unité sonore : sur fond de dialogue, de son de cloches, de moteurs de moto, de voitures... Puis une unité dramatique : le Japonais, venant d'apprendre que la Française retourne le lendemain en France, exprime le désir de la revoir : elle lui oppose à chaque fois un refus. On pourrait ajouter l'insert des deux montres « enlacées » sur la table de chevet qui rejoignent chacune le poignet de son propriétaire. On peut distinguer deux moments. Le premier dans la chambre (sept plans, 3 min 40 s) : la Française achève de boutonner la blouse d'infirmière que son rôle dans le film lui impose de revêtir. Elle rejoint le Japonais allongé sur le lit et l'embrasse à la saignée du coude. On apprend au passage qu'il est architecte et qu'il s'intéresse à la politique. Le second moment se déroule dehors : il comporte deux plans, l'un bref montre la sortie des deux personnages et dévoile qu'ils étaient dans l'hôtel New Hiroshima ; l'autre est un plan-séquence de 2 min 36 s qui s'achève par le départ en taxi de la Française. Le Japonais reste seul, regarde disparaître hors champ la voiture et sourit. Le nom de Nevers circule de nouveau et se trouve associé au mot « jamais » (qui revient quatre fois).

10. Cet ensemble de vingt et un plans (4 min et environ 40 s) est narrativement organisé autour du tournage du film auquel la Française participe. Douze plans (2 min et 30 s) décrivent des moments de ce tournage sans sa présence : un homme criant un ordre, des hommes avec un réflecteur sur un toit, des rails de travelling avec des hommes qui s'affairent, un camion transportant des projecteurs, un homme dont on maquille le dos pour qu'il apparaisse scarifié par les brûlures, des spectateurs, des pancartes, une maquette du bâtiment avec la coupole... Ce moment s'achève par un rapide thème musical qui opère la liaison avec le moment suivant. Ensuite, neuf plans (un peu plus de 2 min) montrent les retrouvailles des amants. Au pied d'un arbre, la Française sommeille, un chat blanc jouant sur elle. Le Japonais entre dans le champ, vêtu d'une chemise blanche et d'une cravate sombre, la veste sur le bras. Trois détails frappent : la présence du chat qu'elle se baisse pour caresser, ce qui amène le Japonais à s'accroupir lui aussi ; la coiffe d'infirmière de travers sur la tête de la Française ; le fait que les plans des personnages sont mêlés à des plans de pancartes ou de figurants portant des pancartes (de même, leurs propos sont mixés avec les bruits du tournage autour d'eux). À la fin, la Française lève son visage vers le ciel : « On dit qu'il va faire de l'orage avant la nuit. »

11. Cet ensemble de vingt-neuf plans (environ 4 min) d'un montage allant en s'accélérant et accompagné d'une musique japonaise se termine par une fermeture au noir. Un défilé (des « scènes de foule ») débute avec des plans de pancartes contre le ciel. Des hommes portent la maquette du Palais de l'Industrie (présent dans le fond), des banderoles, des enfants tiennent des photographies, des jeunes femmes en costume japonais traditionnel dansent, des colombes s'envolent d'une grande sphère fleurie. Les amants perdus dans la foule sont ensuite cadrés de plus près. Le Japonais insiste auprès de la Française

pour qu'elle reste avec lui. Il l'emmène avec lui. C'est alors que la musique cesse et que les jeunes hommes qui composent le cortège se mettent à courir, séparant les amants. Le Japonais finit par repérer la jeune femme qu'il entraîne à contre-courant : ils se tiennent les bras.

Noir

12. Le passage se déroule chez le Japonais. Les personnages sont dans une pièce (une salle de séjour ?) dont le mur est recouvert d'une bibliothèque. Ces quatre plans de près de 2 min sont occupés par un dialogue qui complète la « biographie » du Japonais : il est marié, lui aussi. Un fondu enchaîné lie ce moment au suivant ainsi que le thème musical des Corps qui débute à sa fin.

13. Dix-sept plans, 2 min et 20 s. Cet ensemble est accompagné par le thème des Corps. Il fait alterner des plans du couple sur le lit à Hiroshima avec des images du passé de la jeune femme à Nevers : elle rejoint à bicyclette, dans des bois ou des prairies, un soldat allemand. Cinq plans de Hiroshima sont précédés d'un fondu enchaîné : le récit de son amour allemand par la Française se fait sur ces plans par la parole. La présence des fondus enchaînés produit des superpositions intéressantes : le soldat allemand apparaît entre le Japonais et la Française, la rencontre du soldat allemand et de la jeune Française se produit sur son visage à elle.

14. Seize plans, environ 40 s. Au thème des Corps succède le thème Nevers qui s'efface après 28 s au profit du thème des Corps. Les plans de Hiroshima sont absents de cet ensemble, ainsi que toute parole. La jeune fille court dans des bois, grimpe un talus, saute un mur, une clôture, l'Allemand l'attend près d'une rivière. Ils se rejoignent. Le plan final montre leurs corps s'étreignant sous la capote du soldat.

15. Sept plans, près de 2 min et deux moments. Le thème des Corps disparaît, remplacé par les stridulations des grillons et un thème lyrique (55 s). Le couple est allongé sur le lit. Le Japonais explique pourquoi il s'intéresse à cet épisode de la vie de la Française. « C'est là, il me semble l'avoir compris, que tu es si jeune, si jeune que tu n'es encore à personne précisément. Cela me plaît. C'est là, il me semble l'avoir compris, que j'ai failli te perdre et que j'ai risqué ne jamais, jamais te connaître. C'est là, il me semble l'avoir compris, que tu as dû commencer à être comme aujourd'hui tu es encore. » Elle pleure. Le second moment consiste en deux plans insérés entre des fondus enchaînés : dans l'un, habillée et allongée, elle se redresse et se jette vers lui en disant : « Je veux partir d'ici. » (on entend des aboiements et les grillons) ; dans le second, ils sont debout dans le living, dans la pénombre : « Il ne nous reste plus maintenant qu'à tuer le temps. » Commence le thème du Fleuve.

16. Un petit ensemble de cinq plans d'égale durée (6 s chacun) accompagnés par le thème du Fleuve et montrant la rivière au crépuscule avec des gens assis sur les berges ou accoudés aux parapets des ponts. Dans le premier de ces plans se détache en arrière-plan le Palais de l'Industrie.

17. Il s'agit de l'ensemble le plus dense, le plus long aussi (soixante-quinze plans, 21 min et 30 s). Il se déroule dans un même lieu, un *tea-room*, si on l'envisage du point de vue d'une dramaturgie traditionnelle. En réalité, il est d'une extrême complexité puisque les temporalités viennent s'y recouvrir sans cesse les unes les autres. À l'exception des dix-sept plans terminaux qui renvoient à un « présent » (ici, ce soir, à Hiroshima), tout le passage consiste en une alternance systématique de plans de Hiroshima et de Nevers ; ces derniers sont le récit de l'histoire vécue par la Française pendant l'Occupation : elle a aimé un soldat allemand qui a été tué, elle est devenue momentanément folle, on l'a tondue, ses parents l'ont enfermée dans la cave puis lui ont fait quitter la ville pour Paris. Seule la bande son permet d'établir des distinctions. Pendant très longtemps (trente-deux plans), cette alternance de plans est accompagnée du coassement des grenouilles. Parlant de l'Allemand, le Japonais dit « je » et la Française opère également cette confusion. Au coassement des grenouilles succède une valse, musique censée provenir de l'univers des personnages puisqu'on voit un juke-box manœuvré et un disque prendre position sur le plateau. Cette valse « recouvre » six plans (environ 2 min). Les dix plans suivants sont accompagnés du bruit des grenouilles, le premier fugitivement. La seule présence des voix dans ce passage, plus exactement de la voix de la Française monologuant, est destinée à préparer le bruit de la gifle donnée par le Japonais pour la faire sortir de son état de transe : deux cris enserrent le passage, l'un presque au début sur un plan de Nevers (le seul son provenant de cette temporalité), et l'autre à la fin, dans la lamentation de la Française, qui entraîne la gifle. Un quatrième moment réinstaure les coassements mixés à de la musique japonaise. La Française redevenue « raisonnable » peut raconter calmement : « Et puis un jour... J'avais crié encore. » À la musique s'ajoute un chant ; l'un et l'autre sur les plans de Nevers. Cinquième moment, la musique et la chanson s'arrêtent, le récit aussi, les plans de Nevers disparaissent. Ce dernier moment peut être subdivisé en trois selon la bande son. Sur le premier plan, seul le bruit du moteur d'un bateau accompagne les paroles. Puis c'est une musique japonaise relayée dans les quatre derniers plans par le thème musical du Fleuve. Les personnages parlent de l'oubli, ils se lèvent, quittent le *tea-room* et le Japonais s'éloigne dans la nuit.

18. Dix plans, 2 min. La Française rejoint son hôtel, va jusqu'à la porte de sa chambre, hésite, redescend, remonte, entre dans sa chambre, puis dans le cabinet de toilettes. Sur la bande son, ses bruits de pas, les stridulations des grillons (ces dernières interrompues sur quatre plans).

19. Deux plans, 1 min 30 s. Sur la bande son, le thème de Nevers et un monologue de la Française qui se regarde dans le miroir ; on ne voit que son reflet.

20. Neuf plans, près de 2 min. La Française quitte l'hôtel : deux plans accompagnés des grillons suivis d'un fondu enchaîné. Le thème du Fleuve s'entend sur des plans d'elle, assise sur le sol devant le *tea-room*, éclairée par les phares des voitures qui passent. Tandis que la musique se prolonge, sur les quatre derniers plans s'entend sa voix « intérieure » puis s'engage un dialogue avec le Japonais qui vient d'entrer dans le champ. Il lui demande de rester. Elle hésite.

Noir

21. Vingt plans, près de 4 min. Cet ensemble est très complexe tant pour la construction de la bande son que pour celle de la bande image. La Française erre la nuit dans les rues d'Hiroshima. Elle est suivie à distance par le Japonais qui disparaît très vite. Son errance alterne avec des plans de Nevers. Sur la bande son, les bruits « réalistes » cèdent vite la place à un long monologue lyrique d'elle mixé avec divers thèmes : Corps et Musée principalement.

Ouverture au noir (rapide)

22. Deux plans. Le premier, d'environ 10 s, la montre sous l'auvent d'un night-club tandis que retentit la sirène d'un bateau ; il pleut. Le second, d'un peu plus de 1 min, montre l'arrivée du Japonais. Ils échangent quelques paroles : il lui demande de rester, elle répond par la négative à chacune de ses demandes. « J'aurais préféré que tu sois morte à Nevers. » Le passage s'achève par un fondu enchaîné.

23. Le fondu enchaîné montre la Française deux fois : elle apparaît en effet entre le visage du Japonais et le sien, se dirigeant vers la gare. Seize plans, 3 min et environ 30 s. La Française vient s'asseoir sur un banc dans le hall d'attente de la gare d'Hiroshima. Sur sa gauche, se trouve une vieille femme de petite taille. Très vite, le Japonais vient prendre place à la gauche de cette femme. La bande son fait d'abord entendre les annonces du haut-parleur de la gare, puis un

monologue de la Française (sur le fait qu'elle« donne à l'oubli » l'histoire de Nevers) mixé avec les thèmes Nevers, Corps et Oubli, puis elle se tait, laissant la place au haut-parleur qui répète le nom de Hiroshima. Sur la bande image, les plans de Hiroshima alternent avec des plans de Nevers montrant des paysages sans présence humaine (le couple qu'elle forme avec l'Allemand n'apparaît que dans un seul plan). Dans le dernier plan (50 s), le Japonais parle avec la vieille femme, témoin de la métamorphose de l'amour vécu par cet homme et cette femme qui l'entourent. Le cadre serré élimine la Française ; à un moment le Japonais et son interlocutrice se tournent vers elle : elle a disparu.

24. Quatorze plans, 3 min. La Française emprunte un taxi qui la conduit à une boîte de nuit nommée « Casablanca ». Un autre taxi s'arrête d'où descend le Japonais. Ils ne s'asseoient pas à la même table. Un Japonais assis avec trois femmes se lève et vient engager la conversation en anglais avec la Française qui répond par signes. Le Japonais assiste à ce dialogue qui lui en rappelle peut-être un autre. Après 15 s du thème Corps, seul le bruit d'une cascade artificielle accompagne ce moment.

25. L'unité de cet ensemble est le thème musical de l'Oubli. Dix plans, 3 min 25 s. Trois moments. Au « Casablanca », le Japonais levant la tête découvre le jour à travers la verrière du toit de l'établissement. Puis, trois plans (17 s) montrent le lever du jour sur la ville et les enseignes lumineuses ; certaines sont éteintes, notamment celle représentant une fusée qui était souvent apparue précédemment. Enfin, dans la chambre de l'hôtel (le thème musical s'interrompt et reprend brièvement), la Française est contre la porte qu'elle ouvre. Le Japonais entre, ferme la porte. Elle va s'asseoir sur le lit et pleure. Il lui prend le coude. Ils échangent leurs noms : « Je t'oublierai ! Je t'oublie déjà ! Regarde comme je t'oublie ! Regarde-moi !... Hi-ro-shi-ma. Hiroshima... c'est ton nom. » Et lui : « C'est mon nom. Oui. Ton nom à toi est Nevers, Ne-vers-en-France. »

Noir

26. Carton du mot « Fin ».

Ensembles sonores (selon Henri Colpi)

Images	Musique
I. Prologue	
1. Générique.	Thème Oubli, 1'40",
2. Les corps.	thème Corps piano seul, puis orchestre,
3. Hôpital.	puis musique « blanche » par alto et contrebasse,
4. Corps.	puis résolution dans le thème Corps, 2'09".

5. Musée.	Thèmes Musée, rapides, inquiétants, contrastant avec la lenteur des promeneurs,
6. Corps.	puis résolution dans le thème Corps, 2'18".
7. Mannequins, documents.	Thèmes Musée, 1'10".
8. Ruines, blessés, œil.	Thème Blessés, musique dangereusement douce au cor, puis thème Ruines A au piccolo ponctué par le cor sur la cité dévastée, puis thème Ruines B,
9. Corps.	puis résolution dans le thème Corps, 1'47".
10. Survivants.	Thème Ruines B, puis thème Ruines A,
11. Corps.	puis résolution, 44".
12. Bombe, poissons, défilé.	Thème Musée, puis thème Blessés, avec piano martelé, 1'09".
13. Souvenirs dérisoires, tourisme.	Thème Tourisme, musique inconsistante, proche du thème Oubli,
14. Cinq vues courtes du dôme.	puis musique « blanche »,
15. Corps.	puis résolution dans le thème Corps, 1'08".
16. Reconstruction, « Ça recommencera. »	Thème Blessés (forme variée), unisson alto et contrebasse, 50".
17. Le fleuve.	Thème Fleuve (forme variée),
18. Corps.	puis résolution dans le thème Corps au piano, 47".
19. Travellings rue d'Hiroshima.	Thème Corps à l'orchestre, 1'15", s'enchaînant avec les bruits et le dialogue.

II. Nuit et matinée

20. Découverte des amants, rire de Lui.
21. Quatre heures du matin, on parle de la guerre, de Hiroshima.
22. L'aube, on parle de Nevers.
23. Le matin, la terrasse-balcon. Lui endormi et fugace apparition d'une main qui bouge et d'un visage en sang (l'Allemand), puis dialogue : « Tes mains bougent quand tu dors. »

    Thème Fleuve, musique heureuse, 35", puis résolution inquiétante et dissonante, 15".
24. Douche : « Je t'ai rencontrée hier soir dans ce café. »
25. Balcon : « Qu'est-ce que c'était Hiroshima en France ? », « J'étais à Nevers, une ville comme une autre. »
26. Coiffeuse : « Je suis le premier Japonais de ta vie ? »

    « Le monde entier était joyeux. »

    Thème Lyrique (issu d'un des thèmes Musée), 30".
27. Chambre : « Je suis d'une moralité douteuse », « Je voudrais te revoir. »
28. Couloirs : « Oui, folle à Nevers. »

29. Devant l'hôtel sur la place de la Paix : « Ma folie », « J'ai eu des enfants », « Je voudrais te revoir. – Non. »	

III. La journée

A) Le tournage

30. Préparatifs de prises de vues.	Croquis musical et enlevé, 20".
31. Palmiers : « Tu étais facile à retrouver. », « J'ai pensé à Nevers. », « C'est toujours demain ton avion ? »	
32. Le défilé pour le cinéma.	(Musique japonaise authentique, chant et danse, 3'.)
33. Les amants se perdent et se retrouvent.	(Cris psalmodiés des étudiants.)

B) Intérieur du Japonais

34. Salon : « Ta femme, où elle est ? », « Moi aussi je suis heureuse avec mon mari. », sonnerie du téléphone, baiser, « C'est pour moi que tu perds ton après-midi ? »	Thème Corps,
35. Le lit : les amants, l'Allemand, « C'était à Nevers », Elle à bicyclette, « Nous nous sommes rencontrés », ruine, grange, « Et puis il est mort », le jardin de mort.	avec plénitude intense, qui se poursuit sur les alternances Hiroshima-Nevers, les évocations de Nevers étant dépourvues de texte, puis résolution du thème en forme de marche funèbre, 2".

36. Le lit : « Moi 18 ans », Elle au piano, Elle courant, Amants dans la grange.	Reprise du thème Corps, puis s'élève le gai et rapide thème Nevers, puis résolution dans le thème Corps, 48".
37. Le lit : « Pourquoi parler de lui ? », « C'est là m'a-t-il semblé » répété 3 fois.	Thème Lyrique, 55".
38. Le réveil, puis « Je veux partir d'ici. »	
39. Vues du fleuve au crépuscule.	Thème Fleuve par piccolo et guitare, 45".

IV. Le café du fleuve

40. Elle et Lui attablés, Nevers, la Loire, la cave, les mains, le père, la chambre, « Combien de temps ? L'éternité. »	
41. Juke-box et disque, l'aurore, le salpêtre, la tonte, « Je rentre chez moi. », le cri, la chambre et l'encre, la cave, « Je commence à moins bien me souvenir de toi. », le quai de la Loire, le jardin de mort, « C'était mon premier amour. », la gifle.	Valse, durée 2'30".
42. La bille, le départ pour Paris « 14 ans ont passé ». « De la douleur je me souviens encore. », « Ton mari, il sait cette	(Disque par une chanteuse japonaise, 1'50".) Thème Lyrique, 25".

	histoire ? » Ils se lèvent puis se rassoient, « Dans quelques années quand je t'aurai oubliée. »	

[À cet endroit, la numérotation des « séquences » passe de 42 à 44 dans l'ouvrage de Henri Colpi ; nous avons rétabli le n° 43 à la place du n° 44, si bien qu'à partir de maintenant tous les numéros sont décalés.]

43.	Extinction du café,	Thème Fleuve en forme de nocturne au piano solo, 1'40".
	sortie du café, devant le café, ils se quittent.	

V. Épilogue

44.	Retour à l'hôtel, hésitations dans le couloir.	
45.	Chambre, lavabo, tête sous le robinet, « Un amour de jeunesse allemand »,	Thème Nevers, 14".
	tête redressée,	
	« J'ai raconté notre histoire. »	Thème Nevers, 17" (transposé).
	Sortie de la chambre et de l'hôtel.	
46.	Devant le Café du Fleuve,	Thème Fleuve par piccolo, clarinette et guitare, 50".
	monologue intérieur, arrivée de Lui,	
	« Reste à Hiroshima. », départ de Lui.	Thème de transition (Corps et Fleuve) qui se résout, 25".

47.	Elle et Lui se suivent,	
	« Reste à Hiroshima »,	
	elle s'éloigne,	
	passage de guitaristes.	(Court morceau authentique.)
48.	Marche dans la nuit, monologue intérieur, images entrecroisées de Nevers et Hiroshima.	Thème Corps au piano, puis intervention de l'orchestre qui rappelle les principaux thèmes du Prologue (thèmes Musée), puis thème Corps par l'orchestre dominé par le piano avec long point d'orgue final, 2'33".
49.	Devant la gare, « J'aurais préféré que tu sois morte à Nevers. »	
50.	Entrée dans la gare, « Nevers que j'avais oublié »	Thème Nevers, 14".
	arrivée de Lui,	
	nouveau monologue intérieur.	Thème Nevers, qui se poursuit, qui tombe dans le thème Corps (piano, puis orchestre), qui cesse ;
	la Loire, la ruine, la grange, les amants, la jeune femme dans la gare, « L'oubli commencera par tes yeux. »,	et apparaît le thème Oubli, 1'30".
	Lui et la vieille Japonaise	
51.	Elle sort de la gare	Thème de transition, qui se poursuit, qui se résout dans le Thème Corps, 45".
	elle entre au Casablanca, il arrive à son tour et entre.	

52. Le Casablanca : ils prennent place, ils se regardent, un jeune Japonais, regard intense de Lui, l'aube.	Thème Oubli, qui se poursuit,
53. Trois vues de la ville à l'aube.	qui se poursuit,
54. La chambre : il entre. elle s'écarte, il la rejoint. « Je t'oublierai. », « Ton nom est Nevers. »	qui s'achève, 2'10". Thème Oubli avec crescendo du piano et fortissimo de l'orchestre, arrêt brusque, comme un cri, 18".

Henri Colpi,
Défense et illustration de la musique dans le film,

Jean-Luc Godard dit en juillet 1959 que *Hiroshima mon amour* « est sans référence cinématographique aucune. On peut dire de *Hiroshima* que c'est Faulkner + Stravinski, mais on ne peut pas dire que c'est un tel cinéaste + un tel autre ». Jacques Rivette lui répond en citant Eisenstein. Resnais, quant à lui, a déclaré : « Ce dont mon film se rapproche le plus, c'est du *Roman d'un tricheur* de Sacha Guitry. » Mais on pourrait évoquer Orson Welles, et *Citizen Kane*, pour la voûte vitrée de la boîte de nuit et, selon Youssef Ishaghpour, en raison de « la présence des documents, de la mémoire et jusque dans cet archétype, inconscient peut-être, de boule de verre sous forme de bille, lancée par un « enfant », qui sort la femme de l'éternité » (mais Ishaghpour montre que le film de Resnais se distingue complètement de celui de Welles). Au titre des allusions, on peut mentionner le « Casablanca », qui n'est pas sans rappeler le titre du célèbre film de Michael Curtiz, et la scène des amants perdus dans la foule qui pourrait évoquer des scènes des *Enfants du paradis* de Marcel Carné ou du *Voyage en Italie* de Roberto Rossellini (ce mélange est intéressant puisque ces deux scènes se concluent de manière diamétralement opposées et que le film de Resnais travaille sur l'alliance des contraires).

On peut trouver « amusant » (c'est un mot qu'affectionne Resnais) de noter que, dans la dernière scène, une inscription derrière le dos de la Française : « No smoking in bed », annonce le titre d'un film à venir du réalisateur, que le montage qui suit la gifle préfigure celui de la scène du verre brisé dans *L'Année dernière à Marienbad*, que les cendres sur les corps au début du film anticipent les floculations de *L'Amour à mort*...

La musique

Resnais déclare en 1984 : « L'utilisation de la musique au cinéma est une chose qui m'intéresse depuis trente ans. J'ai toujours fait très attention – dans mes courts métrages aussi bien que dans les longs – à l'organisation de la musique et à ce qu'on pouvait en tirer. » La musique de *Hiroshima mon amour* a en effet posé beaucoup de problèmes à Resnais qui cherchait une « couleur » particulière qu'il trouvait tantôt chez Stravinski, tantôt chez Dallapiccola. Giovanni Fusco, sur qui son choix s'est en définitive porté, s'est servi d'une formation originale : piano, flûte, piccolo, clarinette, alto, violoncelle, contrebasse, cor anglais, et une guitare pour deux numéros ; il tirera de sa partition une *Piccola Suite per otto instrumenti*. Resnais a souvent rendu hommage à Fusco. « Le compositeur peut changer complètement la valeur émotionnelle d'un film. En tout cas, c'est certainement lui qui rend un film compréhensible. Quand j'ai tourné *Hiroshima mon amour*, il y a eu une période où Giovanni Fusco devait encore travailler et n'avait pas apporté sa musique ; les producteurs avaient quand même fait des projections pour tâter le terrain, et les gens sortaient en disant : "Oui, c'est un film intéressant, c'est curieux. Évidemment, ça ne peut pas passer sur les Champs-Élysées. Moi, j'ai compris, mais c'est tellement difficile qu'il n'y a aucun espoir au point de vue exploitation." La grande phrase, c'était : "Une journée sur les Champs-Élysées, c'est le maximum qu'on puisse envisager.", ce qui était quand même un peu angoissant. Et à partir du moment où nous avons eu la musique de Fusco et où nous avons montré la copie standard, cette réaction a complètement disparu. Tout le monde comprenait. Le film est sorti et a fait une exploitation tout à fait correcte. Mais sans Fusco, *Hiroshima mon amour* serait resté un film de laboratoire. »

L'idée d'un leitmotiv attaché à un personnage fut d'emblée rejetée, de même que toute forme de synchronisme facile. En revanche, le principe du contrepoint images-musique avait été adopté. Henri Colpi constate qu'« un motif clairement défini n'est pas pour autant strictement et définitivement affecté à sa cause initiale ». Il étudie le thème Fleuve : « La belle phrase mélodique consacrée au Fleuve apparaît dans le Prologue. Elle est liée aux vues de "l'estuaire en delta de la rivière Ota" et s'enchaîne avec le thème Corps. Elle s'élève à nouveau au matin, lorsque la jeune femme fait quelques pas sur sa terrasse : le fleuve est en arrière-plan et c'est au Café du Fleuve que les amants se sont rencontrés. Le thème Fleuve se trouve donc rattaché à l'amour, ou mieux : il concerne à la fois un objet et un sentiment qui vont de pair, l'eau et l'amour non physique. Il relaie le thème Corps sur un mode plus affectif que charnel. Ainsi encadre-t-il, en débutant dans la maison du Japonais "après l'amour", les trente minutes de la séquence du café dont les deux seules interventions musicales sont "réalistes et justifiées" (disques). »

La musique peut avoir des fonctions diverses : introduire un changement de style (le monologue intérieur est amené par elle à plusieurs reprises), justifier une modification de ton (séquences du café ou de l'hôtel où elle joue ce rôle ; intérieur du Japonais). La musique permet de supprimer les enchaînés visuels. Elle tisse entre les deux villes une continuité. Son rôle n'est pas de souligner le rythme interne de l'image, mais de prolonger une impression : le thème Corps qui se prolonge sur les passages à bicyclettes, par exemple. Au mixage, tous les bruits peuvent avoir été supprimés lorsque la partition est la plus expressive (dans la gare, les conversations, les bruits de trains, de haut-parleur disparaissent au profit de la musique. À la sortie du café, les bruits divers, grenouilles, clapotis..., font de même). En sens inverse, la musique fait place au dialogue, ou aux bruits (séquences du café et de l'hôtel, des dialogues où il n'y a qu'une seule incidence musicale : le thème lyrique).

Resnais a exposé l'une des originalités de la structure de son film : « Il est d'usage de placer au début du troisième tiers du film le rebondissement qui permet aux spectateurs d'éviter l'ennui. Nous savions bien, Marguerite Duras et moi, qu'en nous refusant cette habitude et en cherchant plutôt une construction musicale, nous risquions de lasser. » Henri Colpi se rappelle que pour la séquence du café, « un numéro musical avait été prévu : il a été supprimé, sans crainte du "trou" éventuel. Deux autres numéros ont été biffés qui soulignaient le retour à l'hôtel et les hésitations dans le couloir. Or l'écran n'ose jamais montrer sans tricherie l'indécision interminable, et d'autre part une telle lenteur, après une séquence aussi puissante que celle du café, va à l'encontre des règles cinématographiques courantes. Qui plus est, aucun texte ne meublait les images. Il y avait du courage à laisser les seuls bruits de pas sur ce passage qui, pour bien des cinéastes, aurait constitué un "trou" que la musique aurait bouché sans se heurter à aucun élément sonore important » (*Défense et illustration de la musique dans le film*, p. 135). Toutefois se référer à une conception « courante » de la construction dramatique des films (telle qu'on peut l'enseigner, par exemple, dans les ouvrages destinés aux apprentis scénaristes), c'est oublier que, précisément, ce film se situe délibérément ailleurs. Le long final s'explique comme un andante en forme de thème et variations et cela est si vrai, précise Colpi, « que raccourcir les plans ou couper des passages (l'essai a été tenté) enlève toute sa qualité et sa profondeur à ce cinquième acte, lui ôte même toute signification ».

Les structures

Il est difficile de distinguer le découpage de ce film de sa structure dramatique tant l'un et l'autre semblent liés. Trois manières d'envisager la structure générale de l'œuvre ont été proposées : l'une repose sur le schéma dialectique, une autre reprend le modèle du théâtre classique, une troisième suggère une analogie musicale.

Division en actes et mouvements dialectiques

Philippe Durand, auteur d'une « fiche culturelle » pour la revue *Image et Son* (février 1960), regroupe les séquences en trois parties « dialectiques » : Hiroshima, Nevers et « la purification » (ou, si l'on veut, la prise de conscience). Henri Colpi rapporte que le script était divisé pour des raisons d'ordre pratique en cinq actes (qui recouvrent les cinq parties du script tel que l'a publié Marguerite Duras) ; pour son analyse de la musique, il reprend cette répartition qu'il résume ainsi :

« Premier acte : la nuit d'amour de la Française et du Japonais, entremêlée d'une sorte de commentaire onirique sur la cité de Hiroshima.

Deuxième acte : la chambre d'hôtel, le matin : les amants rient, parlent superficiellement de Nevers, se quittent.

Troisième acte : a) le défilé : la Française est une comédienne qui tourne un film sur la Paix ; le Japonais la retrouve dans le défilé organisé pour les caméras ; b) les amants se réunissent dans la maison du Japonais : la jeune femme raconte qu'en 1944, elle a aimé un soldat allemand et qu'il est mort.

Quatrième acte : “le Café du Fleuve” ; sans chronologie aucune, les souvenirs de Nevers affluent et recomposent les faits : l'Allemand a été tué le jour de la Libération, elle a été tondue, elle est devenue folle, ses parents l'enferment dans la cave ; peu à peu elle oublie son premier amour ; elle arrive à Paris le jour où la bombe a détruit Hiroshima ; puis les amants se quittent définitivement.

Cinquième acte : un grand amour est né entre ces deux êtres, mais la jeune femme se refuse à le vivre, car l'oubli est toujours le plus fort, elle a oublié son premier amour, les habitants de Hiroshima ont oublié la bombe ; le Japonais la suit dans la ville, à la gare, dans un cabaret, pénètre enfin dans sa chambre : “Je t'oublierai, je t'oublie déjà”. »

La division en actes est, dans un premier temps, la plus évidente, mais à l'examen elle apparaît trop convenue et trop rigide, ne rendant pas compte du développement fluide de l'œuvre. Colpi a dit lui-même que cette division avait été choisie par commodité plus que pour des raisons profondes. La division qui s'appuie sur le mouvement dialectique cherche à rendre compte d'une dynamique. Cependant elle apparaît simpliste et, de plus, elle s'achève par une « résolution », purification ou prise de conscience, qui sied mal à la fin non conclusive sur laquelle les auteurs de *Hiroshima mon amour* ont insisté.

Structure musicale

Resnais lui-même a déclaré : « Je crois que si l'on analysait *Hiroshima* par un diagramme sur du papier millimétré, on assisterait à quelque chose proche du quatuor. Thèmes, variations à partir du premier mouvement ; d'où les répétitions, les retours en arrière [...]. Le dernier mouvement du film est un mouvement lent, déconcertant. Il y a là un decrescendo. Cela donne au film une construction en triangle, en entonnoir. » Resnais se sert d'ailleurs du modèle musical de façon récurrente lorsqu'il parle de son film, qu'il s'agisse du découpage : « Souvent, dans un découpage, je pars d'une image autour de laquelle se développe un mouvement d'autres images qui doivent être solidaires de la première comme le sont les éléments d'une composition musicale. », des personnages : « Je les place là un peu comme le musicien plaque des accords... » Quant à la musique du film, jamais elle « n'est construite sur une action dramatique » mais, bien au contraire, « sur les sentiments des personnages ». Il est donc vain de reconstituer une « suite » des actions, ou des événements. En revanche, il faut se fier aux mouvements intimes.

La conception du film comme un morceau de musique est la plus séduisante parce qu'elle implique l'intrication des thèmes ou motifs qui rejoint et complète l'image des deux peignes entrecroisés dont Resnais se servait pour faire comprendre son dessein à Marguerite Duras. En effet, s'il est deux villes (Hiroshima, Nevers), deux personnages (la Française, le Japonais), deux amours (celui du passé, celui du présent), il est aussi plusieurs thèmes musicaux : oubli, Nevers, fleuve, corps, musée, ruines, blessés, tourisme... et aucun d'eux n'est attaché à l'une des deux villes, à l'un des deux moments du temps ou à l'un des deux personnages. De fait, il y a une troisième ville, Paris, un troisième personnage, l'Allemand (sans parler des parents de la jeune femme, de son mari, de ses enfants et de la femme du Japonais), d'autres amours... Et aux thèmes musicaux s'adjoignent d'autres thèmes sonores (les grillons, les grenouilles, la cascade, les différentes modulations de la voix d'Emmanuèle Riva, etc.). Le résultat est une vraie mosaïque qui transparaît autant à travers la structure visuelle globale de l'œuvre qu'à travers sa structure sonore, qui contribue à lui donner son rythme propre en juxtaposant et entrecroisant des ensembles reliés par des fondus à d'autres constitués par un montage *cut*, des images d'archives à des extraits de films de fiction, des moments dialogués à des monologues, ou encore à des absences de paroles, etc. Comme le dit Agnès Varda, parlant de ses relations avec Resnais : « Ce qui compte pour nous, ce sont les à-côtés qui se rejoignent. Regardez cette couverture portugaise ! Elle est faite de tout, de rien. De bouts de bas de soie, de morceaux de rubans, de chiffons, de déchets... C'est ça qui compte pour nous : une certaine façon de tisser les choses. » Pour rendre compte du film, il faudrait donc dessiner plusieurs parcours.

Un autre cinéaste, André Delvaux, montre comment l'organisation des « thèmes » visuels obéit à une logique semblable. « Comme un musicien, Resnais prépare l'entrée de ses thèmes et se réserve de les suggérer à peine avant de les exposer "en majesté". En contrepoint classique, le choral figuré édifie l'architecture la plus solide en obligeant les trois voix qui entrent successivement au début à faire allusion au chant que la basse expose ensuite – et enfin – dans la plénitude. Ainsi l'image de la gloriette surgit d'abord dans le montage sans que nous devinions sa signification. C'est la voix qui, plus loin, confirme ce que seule la grisaille funèbre de l'image nous avait fait pressentir : de là est parti le coup de feu qui abat le soldat allemand » (*Tu n'as rien vu à Hiroshima !*, pp. 148-149).

Le fleuve, l'eau

L'un des thèmes importants, musicalement, auditivement, visuellement et symboliquement, est celui de l'eau et du fleuve. Bien sûr, un très ancien cliché est remis en usage comme le note Jean-Louis Bory : « Le temps coule, vieille image, c'est un fleuve, il est pareil au fleuve irréversible qui ne peut pas ne pas couler vers la mer. Le Temps, à Nevers, c'était la Loire – il ne faut pas trop regarder la Loire, dit-on.

À Hiroshima, elle et lui bavardent au Café du Fleuve, au bord d'une eau qui suit la lente pulsation des marées. Le présent dévore le passé, il n'est pas bon que le passé dévore le présent – d'où la gifle dont le Japonais frappe la Française noyée dans sa mémoire, gifle qu'on donne aux vrais noyés pour les rappeler à une respiration normale, au monde réel, *présent*. Et le présent est dévoré par l'oubli. » (*Artsept* n° 1, p. 33). L'histoire de *Hiroshima mon amour* est prise entre la rivière japonaise Ota et son estuaire à sept branches (ou à cinq branches ; mais le chiffre sept a l'avantage d'accentuer l'idée de fragmentation ou de désintégration) et les rivières françaises, la Loire et la Nièvre, qui se rejoignent à Nevers. Un confluent et un estuaire, une rencontre et une séparation, une diffraction. Métaphoriquement, on parle du flot des manifestants ; celui-ci divise le couple. C'est donc « à contre-courant » que les amants se dirigent pour se retrouver seuls. La Loire est associée à la douceur de sa lumière. La Française est éclairée alors que le visage du Japonais est dans l'ombre. À d'autres moments, la lumière alterne sur le visage comme un battement. L'idée d'une lumière liquide finit par s'imposer et par se lier à l'eau qui coule le long des murs de la cave de Nevers et au bruit de la cascade artificielle dans le « Casablanca ». Le fleuve, la mer, les marées, idée d'une respiration cosmique antérieure à l'homme et qui lui survivra. La douche, la pluie, pluie de cendres, sueur, pleurs...

La peau, les mains

Un autre thème est celui de la peau, des mains et des impressions tactiles. Tout le début du film expose ce thème avec application. Mains féminines s'agrippant au dos masculin, mains qui caressent, mains remontant de l'eau de la rivière comme un souvenir, mains mutilées, atrophiées, mains qui se déchirent à gratter le mur, mains qui saisissent une bille ronde et chaude, mains sans visage, mains qui giflent, s'« agriffent » (pour reprendre le verbe utilisé par Duras), ongles, peaux mutilées, arrachées (dans chaque film de Resnais, paraît-il, quelqu'un prononce le mot « lambeaux » ; ici, c'est le mot qui vient à l'esprit de chaque spectateur), « le fer devenu vulnérable comme de la chair », peaux douces, belles peaux, épaules, plaisirs de la chair, chair douloureuse : « Les images en

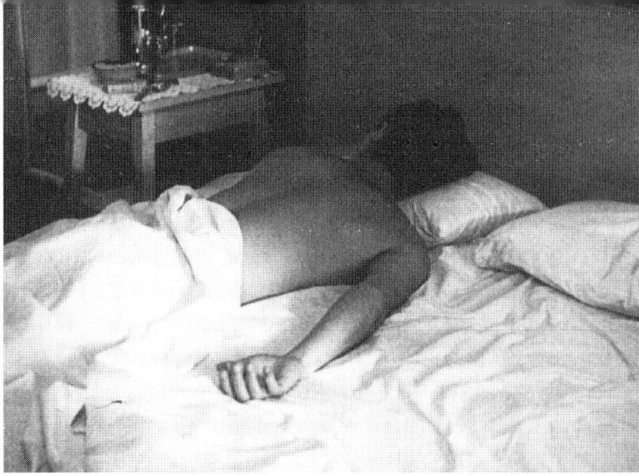

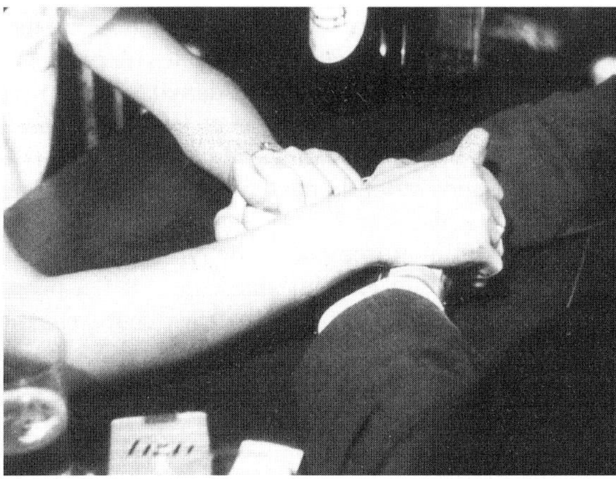

elles-mêmes [du début] sont totalement irrationnelles, contradictoires même. Par association d'idées, nous sommes passés de la peau, source d'extrême plaisir, à la peau, source d'extrême douleur. » Le thème de la main se greffe à celui de l'estuaire en delta qui transporte avec lui l'idée de bras et d'embouchure, celle-ci incluant l'idée de pénétration, etc. Il se greffe aussi à l'image du sang sur le visage de l'Allemand, sang qui se reporte d'ailleurs sur ses mains à elle. Il se greffe encore à l'image des tentacules ou de l'araignée : Duras écrit au sujet du plan avec le paquet de cigarettes « Peace » qu'à côté de ce paquet se trouve « une plante grasse étalée comme une araignée sur du sable ». La structure métallique de la coupole du Palais de l'Industrie ressemble aussi à une araignée ; immédiatement après vient un plan des mains. Aux mains sont également associées les cigarettes (depuis le paquet « Peace » jusqu'à la cigarette offerte dans la gare en passant par le paquet sur la table de chevet) et le rêve : ayant vu la main du Japonais bouger, la Française lui demande : « À quoi tu rêvais ? » Au sens strict, le passé donne la main au présent, ou vice versa.

On pourrait voir un prolongement de *Hiroshima mon amour* dans cette remarque de Resnais datée de 1984 à propos de *L'Amour à mort* : « Le point de départ est cette sensation de la séparation. C'est une caractéristique de l'espèce humaine : dès qu'on a trouvé quelqu'un, on n'a pas envie de s'en séparer – d'où tous ces plans de mains que vous voyez dans le film, un peu comme des pieuvres, mais en ajoutant que pour moi le mot pieuvre n'est pas du tout péjoratif puisque c'est peut-être le seul animal aquatique qu'on puisse un peu apprivoiser, on peut lui caresser le dos de la tête, l'habituer à venir jouer avec vous. » L'estuaire en delta de la rivière Ota avec ses sept branches, tel qu'il est vu d'avion, ressemble effectivement à une pieuvre.

Les chats

D'autres thèmes « mineurs » s'étoilent à travers le film : les chats, par exemple. Le chat est l'animal totem du groupe Resnais-Marker-Varda-Gatti-Colpi. Resnais déclare à Georges Sadoul que *L'Année dernière à Marienbad* est un chat et, trente ans plus tard, dans le jardin de *Smoking No Smoking*,

figure la statue d'un chat. Cet animal est encore plus présent dans le texte de Marguerite Duras que dans le film. Resnais a retenu surtout l'opposition du chat blanc de Hiroshima et du chat noir de Nevers (Marguerite Duras ne précise pas les couleurs du pelage). Le chat traversant la place de la Paix est blanc, et blanc celui que la Française tient contre elle quand elle s'est assoupie sur le lieu du tournage. Le chat qui est dans la cave de Nevers est noir. Le plan sur cet animal intervient après que la Française a répondu à la question du Japonais : « Combien de temps ? », « L'éternité ». On pense évidemment aux chats de Baudelaire « qui semblent s'endormir dans un rêve sans fin » :

> « Je vois avec étonnement
> Le feu de ses prunelles pâles,
> Clairs fanaux, vivantes opales,
> Qui me contemplent fixement. »

Le chant

Effets de rime

Les effets de répétition et d'inversion sont nécessaires dans un récit qui repose originellement sur deux pôles. Il faudra que les signes passent de l'un à l'autre avec les transformations nécessaires. Par exemple, la séquence de l'hôpital trouve un écho dans le costume d'actrice de la Française, une infirmière. En tombant, les cheveux des survivants s'associent à la tonte de la Française et à la repousse de sa chevelure. Les corps calcinés des victimes se convertissent dans le corps « incendié » par le désir. La bicyclette déformée du Musée devient le véhicule qui conduit vers le bonheur. Les ruines issues presque instantanément du bombardement s'opposent aux ruines de la campagne française où l'on devine le fruit du travail du temps. S'il y a un musée de l'horreur à Hiroshima, la ville de Nevers semble être par certains de ses aspects un véritable musée (demeures anciennes, église...), une ville qui se serait arrêtée dans le temps. Le père de la Française est immobile derrière sa vitrine, figé, comme les peaux des victimes de Hiroshima conservées sous verre pour le souvenir : on pense à l'expression de « vieille peau », ou encore aux serpents enfermés dans des bocaux pleins d'alcool que beaucoup de pharmacies offrent encore à contempler. Le son des cloches d'Hiroshima que l'on entend vaut pour celui des cloches de l'église Saint-Étienne qui « sonnaient... sonnaient », la pluie qui tombe le soir rappelle les pluies de cendres sur les eaux du Pacifique, et la pluie le long des murs de la cave de Nevers, etc. Resnais se réfère à une remarque de Bresson selon laquelle un film doit être « un assemblage de rythmes et de lignes qui se croisent », « si on commence

[...] à faire un plan par rapport au cinquième plan qui va venir par derrière, alors cela devient intéressant. C'est ce qui permet à un film comme *Pickpocket*, dont l'image peut paraître banale, d'être en fin de compte d'une formidable subtilité. »

Il y a beaucoup d'effets de répétition et de rime à l'intérieur du texte de Marguerite Duras ; il s'agit d'une caractéristique de son style qui souligne l'aspect refrain ou récitatif que Resnais a cherché à obtenir. Par exemple, le Japonais dit à la Française : « J'aimerais bien rester avec toi quelques jours, quelque part, une fois. » À un autre moment, c'est elle qui dit : « Ah ! que c'est bon d'être avec quelqu'un quelquefois. » Des séries se constituent, comme celle autour du mot « paix » : Peace, le Pacifique, la place de la Paix (à laquelle fait contrepoids la place de la République à Nevers), le film sur la Paix... Le retour du chiffre quatre est un autre effet de rime. La Française est allée quatre fois au Musée, quatre étudiants attendent ensemble une mort fraternelle et légendaire, quatre heures du matin est le moment du passage de l'homme qui tousse, la rencontre sur le lieu du tournage a lieu à quatre heures de l'après-midi précise le script, l'histoire d'amour avec l'Allemand est qualifiée de « petite histoire de quatre sous », il reste seize heures à attendre (quatre fois quatre) avant le départ de l'avion... Il faudrait certainement entrer plus avant dans le montage ou dans les répétitions du texte pour donner à ce chiffre son importance : Resnais, ne l'oublions pas, voit son film comme un quatuor.

Le récitatif

À propos d'*Hiroshima mon amour*, Resnais a déclaré : « J'ai voulu que les paroles aient le ton d'une lecture, un registre intermédiaire entre celui, par exemple, de Maria Casarès et des personnages de *La Pointe courte*. » Le texte de Marguerite Duras est psalmodié par Riva et dit par Okada avec son accent japonais prononcé ; il devient ainsi une musique étrange. Resnais voulait faire chanter le commentaire écrit par Queneau pour *Le Chant du Styrène*. Plus tard, *La vie est un roman* comporte plusieurs passages chantés. Dans le projet qu'il avait des *Aventures de Harry Dickson*, il devait y avoir des interventions parlées et des moments chantés, le personnage de Harry Dickson lui-même ne chantant jamais :

« L'idéal aurait été que les dix dernières minutes soient entièrement chantées. Une espèce de grande valse d'épisodes de sa vie, des reprises de motifs, des éléments nouveaux... »

En contrepoint du récitatif à deux voix, il faut compter non seulement la musique mais d'autres éléments qui ont une valeur lyrique comme ces fameux travellings qui ont constitué alors comme la signature de Resnais. Jacques Doniol-Valcroze remarque, lors de la table ronde des *Cahiers du Cinéma* : « Les longs travellings avant de Resnais donnent en fin de compte un grand sentiment de permanence et d'immobilité. Alors qu'au contraire, ses champs-contrechamps, en plans fixes, donnent une sensation d'insécurité, donc de mouvement. Son truc de montrer côte à côte des travellings faits à la même vitesse, c'est une certaine manière de rechercher l'immobilité. » On pourrait ici comparer la continuité des travellings montés à la suite les uns des autres à ce qu'on appelle en musique d'orgue la « pédale », le son longuement tenu au pédalier de l'orgue soutenant le discours des claviers, Vladimir Jankélévitch parlait à son propos de « cette fascinante pédale de midi, hypnotique comme une berceuse » ou de « l'obsédante horizontale de la pédale de dominante » (Resnais est très intéressé par l'orgue : il a voulu que la musique de son second long métrage, *L'Année dernière à Marienbad*, soit interprétée par cet instrument). La fixité hypnotique retrouve le silence. Et l'on devine alors l'importance du cri dans le film, ce cri unique, le seul son qui soit référé à Nevers : car le cri, manifestation vocale opposée au langage articulé, se rapproche en cela du silence (« Le cri fait gouffre où le silence se rue. », dit Lacan), il est une manière de dire l'« éternité » de Nevers, comme le regard du chat. De ce gros plan de chat, Jacques Rivette dit en juillet 1959 : « C'est ce que j'ai vu de plus effrayant au cinéma, alors qu'après tout ce n'est qu'un gros plan de chat. Pourquoi est-il si effrayant ? Parce que le mouvement dans lequel Resnais nous le montre est le mouvement même de l'effroi, c'est-à-dire un mouvement de brusque prise et de brusque recul en même temps : l'immobilité de la fascination devant la *chose*. »

Cette dimension lyrique emporte tout le film, le moindre de ses éléments. Resnais est un cinéaste de l'hypnose, de la fascination. La musique prend le relais de l'image ou des paroles pour susciter l'émotion : « À un moment donné, l'image sera presque neutre, et c'est la musique qui donnera l'émotion ; on peut remplacer dix minutes de dialogue par trois minutes de musique et d'images muettes » (Resnais). Lorsqu'on parle de Brecht à Resnais, il distingue bien son attitude de celle du dramaturge allemand : si Brecht condamne complètement l'identification, lui, Resnais, essaie « de jouer sur un mouvement qui serait identification et rejet, en [se] disant qu'[il] arrivai[t] peut-être à faire là un mouvement dramatique : le spectateur s'identifie puis tout à coup au contraire il rejette nettement le personnage, puis va y revenir. » Ce mouvement de balancier, d'adhésion et de séparation, vise à maintenir le spectateur deux heures dans le noir sans qu'il ait le sentiment de s'ennuyer, il vise à le « fixer », lui, regardant l'écran. L'action doit se créer à l'intérieur du spectateur : « L'essentiel en fait est qu'on s'attache aux personnages pour les aimer, pour les haïr, et qu'il se dégage des allées et venues de la sympathie du spectateur un mouvement, une action qui comble l'absence d'action, d'intrigue proprement dite. » À un interlocuteur qui lui dit qu'*Hiroshima mon amour* est « un film qui vous happe, qui vous fait participer » et qui ne fait pas jouer la distanciation, Resnais répond : « Il faudrait s'entendre sur une définition de la distanciation. C'est un mot qui recouvre tant de choses. Si vous êtes happé, c'est grâce à la distanciation, c'est parce qu'on demande une participation de votre part. »

Cette volonté d'« intéresser » le spectateur, donc le refus de le « distancier » totalement et le choix de jouer la carte du lyrisme ont leur incidence jusque dans l'usage des documents relatifs à Hiroshima que propose le film, ainsi que l'a vu Youssef Ishaghpour : « Lorsqu'on parle de documentaire, on suppose l'objectivité révélée par la caméra. Il n'y a pas d'objectivité pour Resnais, mais à chaque fois une interprétation : chaque fois l'objet apparaît au sein, en relation avec une expérience vécue, qui écarte ainsi la possibilité de représentation. Ici l'expérience vécue des “documents” est le thème même du film : ils sont là comme substance de la vie et à travers une histoire, c'est l'Histoire qui est vécue. [...] Le document n'est pas là au titre de vérité, mais de réel, c'est-à-dire de l'impossible et de l'indicible, dont la fiction n'est que l'effet vécu. [...] Il n'y a donc pas d'opposition, de réflexivité, dans les rapports du document et du vécu : le contact qu'on essaie d'établir par l'intermédiaire de l'héroïne – actrice – entre la fiction et le document, intègre le document au plan lyrique de l'œuvre. C'est elle qui s'affirme chez Resnais, non la distanciation » (*D'une image à l'autre*, p. 189). Se pose alors la question du politique dans le film.

La politique

Affaire de morale

Hiroshima mon amour est un film qui pose nécessairement une question de cet ordre. Resnais a réalisé *Nuit et brouillard*, plusieurs de ses films ont été interdits ou ont connu des ennuis. À l'époque de la sortie d'*Hiroshima mon amour*, une partie des spectateurs a considéré le film de ce point de vue. Il existe d'ailleurs une lecture politique (ou morale) des films attachée à l'œuvre de Resnais. La fameuse formule de Jean-Luc Godard sur le travelling « affaire de morale » a été suscitée par la vision des films de Resnais. La même association a été ensuite faite (cette fois dans une perspective critique) par Jacques Rivette à propos d'un travelling du film de Gillo Pontecorvo, *Kapo* (1960), travelling avant effectué sur un cadavre pris dans des barbelés pour « faire joli » - Emmanuèle Riva joue d'ailleurs dans *Kapo*, film qui concerne les camps de concentration. L'article de Jacques Rivette est devenu « dogme portatif » pour Serge Daney :

« Avec quiconque ne *ressentirait* pas immédiatement l'abjection du "travelling de *Kapo*", je n'aurais, définitivement, rien à voir, rien à partager. Ce genre de refus était d'ailleurs dans l'air du temps. Au vu du style rageur et excédé de l'article de Rivette, je sentais que de furieux débats avaient déjà eu lieu et il me paraissait logique que le cinéma soit la caisse de résonance privilégiée de toute polémique. La guerre d'Algérie finissait qui, faute d'avoir été filmée, avait soupçonné par avance toute représentation de l'Histoire. N'importe qui semblait comprendre qu'il puisse y avoir – même et surtout au cinéma – des figures taboues, des facilités criminelles et des montages interdits. La formule célèbre de Godard, voyant dans les travellings “*une affaire de morale*”, était à mes yeux un de ces truismes sur lesquels on ne reviendrait pas. Pas moi, en tout cas » (*Persévérance*, p. 16).

Refus du didactisme

Resnais, devant les réactions passionnées suscitées par son film, pense que l'on devrait se référer au *Déjeuner sur l'herbe* de Manet plutôt qu'à la bataille d'*Hernani* : « Les spectateurs se sont offensés parce que Manet avait mis sur une même toile des éléments que l'on avait l'habitude de montrer séparément, il y avait là un mélange des genres inhabituel et sans doute choquant. Dans *Hiroshima mon amour*, comme l'indique déjà le titre, on mélange aussi des choses qu'on ne traite généralement pas ensemble, on raconte une histoire d'amour en touchant à des faits douloureux et en utilisant un contexte inaccoutumé sans que les protagonistes y participent dans le présent. » Quel sens politique ce mélange de « choses qu'on ne traite généralement pas ensemble » a-t-il ? Sur ce point, Jean-Louis Bory semble bien avoir raison : « Superficiellement, le message, politique, vise à dénoncer l'horreur, l'inhumanité foncière de la bombe atomique. C'est l'aspect “combattant de la paix” du film. Il n'y a pas d'humanisme sans humanitarisme. Pour ma part, le message politique de Resnais (s'il en a voulu un), je l'estime ambigu. Car la fille du pharmacien ne pourrait pas s'inscrire sans quelques difficultés dans les rangs des “Combattants de la Paix”. Ce n'est pas une histoire de la Résistance, il s'en faut » (*Artsept* n° 1, p. 35).

Considérons le traitement des documents relatifs à Hiroshima. Une vue aérienne de la ville effacée ne se distingue pas d'une plongée sur une maquette. Si l'on souhaite montrer l'événement, on ne peut le faire qu'à travers des reconstitutions, notamment celles d'un film japonais. Quant au film « international » en tournage à Hiroshima dans lequel la Française tient un rôle, il met en scène une manifestation pour la Paix, avec des figurants maquillés représentant des survivants. Ce film est celui que Resnais n'a pas voulu faire. Hiroshima est devenu une entreprise spectaculaire, avec des « Atomic Tours », des souvenirs qu'on emporte, comme une pyramide d'Égypte ou une tour Eiffel, des pleurs qu'on verse parce qu'il serait indécent de ne pas le faire... Tout cela est évident, trop évident même, et Resnais se méfie sans doute autant de l'ironie désabusée que du désir de catéchiser.

Effacer

Resnais joue la carte de la discrétion, de la pudeur : le spectateur comprendra par lui-même, à demi-mot, mais où commence le trop et le pas assez ? « C'est aussi pour laisser sa liberté de jugement au public que nous n'avons pas indiqué que le soldat allemand était anti-nazi, c'était pour nous implicite mais nous avons refusé de le dire pour ne pas dédouaner trop visiblement l'héroïne, ne pas rendre la sympathie trop facile, ne pas favoriser une identification que le public recherche trop. » « Il y a une chose cependant sur laquelle j'ai des remords de ne pas avoir été assez clair. Je pensais par exemple que dans l'image où l'on voit tondre Emmanuèle Riva, il était très évident que ce n'étaient pas des gens de la Résistance, mais des boutiquiers, comme cela s'est passé dans la majorité des cas. Et pourtant cela n'a pas toujours été compris. » Il est plusieurs manières d'interpréter ces remarques. Elles portent apparemment sur des questions d'ordre « politique » : Resnais indique comment ne pas se méprendre sur ce qui nous est montré, comment interpréter « correctement »... Il ne s'adresse pas à n'importe quel spectateur, mais à un spectateur avec lequel il se sent « politiquement » complice. De fait, ces « révélations » insistent surtout sur la « continuité souterraine » du film, à la fois indispensable au stade de l'élaboration et toujours effacée. L'économie générale de l'œuvre a besoin de ces détails délaissés, non pas pour leur signification mais parce qu'ils simulent une opération créatrice résumée par Julien Gracq lorsqu'il parle des « fantômes de livres successifs que l'imagination de l'auteur projetait à chaque moment en avant de sa plume » (*Lettrines*, p. 27). Toute œuvre efface les innombrables œuvres possibles vers lesquelles l'auteur était tenté de se diriger au cours de son cheminement ; mais ces œuvres « rejetées au néant » n'ont pas entièrement disparu puisque « c'est leur fantasme qui a tiré, halé l'écrivain, excité sa soif, fouetté son énergie ». Cela est vrai d'un film comme de toute autre œuvre ; l'originalité de Resnais est de prendre en compte et de mettre en scène « cet échelonnement de mirages » par le truchement de Marguerite Duras. L'effacement est une opération qui est au cœur de *Hiroshima mon amour* et que Resnais a pensée à tous les niveaux imaginables. La discrétion, la litote, relèvent de cette opération d'effacement. Mais en même temps, Resnais a toujours nié avoir voulu « démontrer » quoi que ce soit dans ses films : « Je soutiens que je n'ai jamais fait un film de fiction didactique. [...] Si je voulais enseigner quelque chose, dire quelque chose, j'utiliserais plutôt le livre, le journal, ou la radio, ou je ferais des conférences. Il me semble que cela serait plus convaincant. Je ne crois pas qu'on puisse convaincre par une fiction, j'ai encore envie de citer Guitry qui, lorsqu'il parlait du théâtre vertueux, disait : "Je ne sache pas qu'après avoir vu *L'Avare*, on ait donné un meilleur pourboire à la dame du vestiaire." » Ce refus du didactisme entraîne l'attitude de réserve et de discrétion. Cependant, les traces d'opacité dans l'histoire de Nevers peuvent et doivent trouver une explication à un autre niveau.

Historiciser

On peut réenvisager la reconversion (le renversement ?) des signes de Hiroshima en signes de Nevers, l'opposition entre un événement indescriptible (ni le Japonais, la Française non plus n'était présent à Hiroshima ; lui non plus « n'a rien vu ») et un autre événement tout à fait racontable. Marie-Claire Ropars-Wuilleumier a montré que le premier de ces événements (Hiroshima) ne peut être compris qu'à travers la mise en œuvre « mimétique » d'un montage éclaté : la désintégration atomique se dit par la désintégration du récit et surtout par une écriture de la fragmentation. Au-delà de cet « échange », il en est un second : le transfert de Hiroshima en Nevers permet de comprendre Hiroshima, le rend cernable, énonçable. Le problème de *Hiroshima mon amour* est de trouver le moyen de transformer un événement en écriture et l'écrit en Histoire. L'époque est celle de la guerre d'Algérie et la critique française de gauche se plaint de ce que le cinéma national ne rende pas compte de cet événement, soit par crainte de la censure, soit par autocensure. On sait que Resnais s'attaquera à cette question dans *Muriel*.

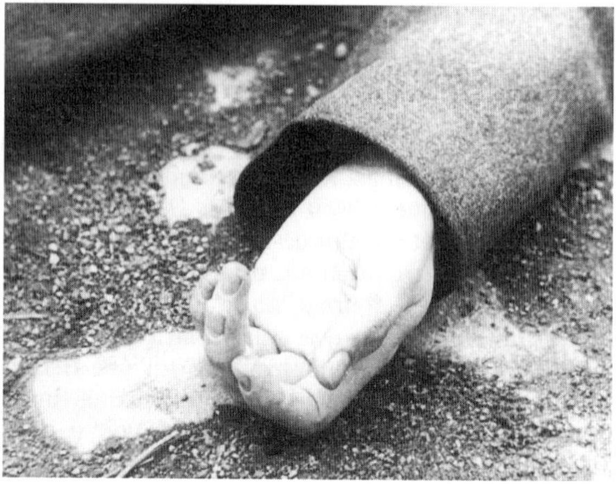

L'histoire de Nevers transforme une image incompréhensible (la main de l'Allemand en train de mourir) en un récit homogène, avec un début et une fin. Cette histoire est racontée à un homme qui joue le rôle de l'analyste en psychanalyse et qui, comme tout analyste, accepte que le transfert se fasse sur lui (le Japonais est identifié à l'Allemand). Le déplacement le plus important est celui qui se fait de l'élaboration de l'histoire de Nevers à l'appropriation par le spectateur de celle de Hiroshima. Ce transfert d'une autre nature permet de comprendre, à travers l'histoire devenue « transparente » (pas tout à fait cependant puisqu'il reste des traces d'opacité), le souvenir d'un événement dont l'importance ne peut être formulée. De là, la disproportion entre Hiroshima et Nevers. « J'ai lu avec effarement que certains mettaient en balance l'explosion de la bombe et le drame de Nevers comme si l'un avait voulu être l'équivalent de l'autre. Ce n'est pas du tout cela. Au contraire, on *oppose* le côté immense, énorme, fantastique de Hiroshima et la minuscule petite histoire de Nevers, qui nous est renvoyée à travers Hiroshima, comme la lueur de la bougie est renvoyée grossie et *inversée* par la lentille. » L'inversion de cette métaphore optique est logique. C'est la Française elle-même qui effectue le lien entre son histoire et Hiroshima lorsqu'elle arrive à Paris (« Le surlendemain, le nom Hiroshima est sur tous les journaux. ») : Hiroshima entre dans une chronologie, se trouve par là historicisé. « Aujourd'hui », la Française se trouve à Hiroshima ; l'histoire de Nevers revient tout aussi logiquement et joue son rôle : donner une place dans le temps et dans l'espace à ce qui n'en avait pas. *Hiroshima mon amour* propose donc une réflexion sur l'historicité, sur son caractère douteux : les traces sur les corps peuvent être imitées, les traces dans les musées doivent être déchiffrées, opération au cours de laquelle se produit nécessairement une perte de substance.

La langue anglaise

À la fin du film, les noms des deux villes se substituent à ceux des personnes. Marie-Claire Ropars-Wuilleumier y voit la transparence de l'Histoire référée à l'opacité des signes que l'Histoire laisse derrière elle. La trace, pour être lue, doit être écrite et pour l'écrire, il faut la modifier. Le titre *Hiroshima mon amour* est une sorte d'oxymore, puisque le nom de Hiroshima évoque d'abord l'anéantissement, la mort. Ce titre est comme une anticipation de cet autre, *L'Amour à mort*. Face à Hiroshima, Nevers conjugue aussi l'amour et la mort : Nevers mort – *nevermore*, jamais plus. Par là, il renvoie en même temps au slogan pacifiste : « *No more Hiroshima !* », « Plus jamais Hiroshima ! » Ainsi, par ce slogan, « *Nevermore* » est-il compris dans Hiroshima. Dans Hiroshima, il y a Lui et Elle *(He, She)* ; il ne reste alors (à l'envers) que les lettres qui composent « amor » (amour, à mort). Pourquoi faire appel à l'anglais ? Pourquoi nier l'évidente nécessité de cette médiation ? La langue du vainqueur, de celui qui a lancé la bombe, est aussi celle qui figure à côté des caractères japonais, les doublant continuellement. Gift Shop, Atom Tours, New Hiroshima..., ces mots sont devenus ceux d'une langue internationale pour touristes qui permet à un homme d'aborder une femme ne parlant pas la même langue que lui, par exemple, mais ces mots prennent un sens à Hiroshima, et le fait que le film passe par la médiation de *Nevermore* est une opération signifiante. Dans la manifestation reconstituée pour le film dans le film (film « international »), les pancartes sont dans trois langues : le français, le japonais et l'anglais.

La référence à *Casablanca* (1943), film tourné après Pearl Harbor, est obligée, notre imaginaire étant en partie nourri de cinéma américain : juste avant l'arrivée au bar, la Française, s'adressant à son amour perdu, dit : « Tu deviendras une chanson. » ; cette chanson pourrait être sans problème celle du film de Michael Curtiz, *As Time Goes by*. Il n'est pas dit non plus que, symétriquement, Resnais n'ait pas pensé à un film de 1944 que la publicité associa à l'iconologie de l'explosion de Bikini, *Gilda* de Charles Vidor, avec sa vedette (Rita Hayworth) promue « bombe sexuelle » et sa chanson : *Put the Blame on Mame*, qui prendrait alors la valeur d'une dénégation !

Le regard

Marguerite Duras définit le personnage de la Française par le regard : « On pourrait l'appeler, elle aussi, d'une certaine manière, "*The Look*". Tout chez elle, de la parole, du mouvement, "passe par le regard". Ce regard est oublieux de lui-même. Cette femme regarde pour son compte. Son regard ne consacre pas son comportement, il le déborde *toujours*. Dans l'amour, sans doute, toutes les femmes ont de beaux yeux. Mais celle-ci, l'amour la jette dans un désordre de l'âme – désordre mortel – (choix volontairement stendhalien du terme) un peu plus avant que les autres femmes. » Elle a les yeux verts, lui dit le Japonais, constatant cette beauté. L'adjectif appelle phonétiquement Nevers. Marguerite Duras intitulera le numéro que les *Cahiers du cinéma* lui ont confié *Les Yeux verts*.

Les yeux ouverts. Il s'agit de voir. Il n'y a rien de pire que l'absence de regard : des pinces chirurgicales soulèvent les paupières révélant un trou à la place de l'œil. La fréquence du vocabulaire relatif à l'acte de la vision dans le texte est très grande : « Tu n'as rien vu à Hiroshima. Rien. », « Moi, oui. Tu m'auras vu... », « Par exemple, tu vois, de bien regarder, je crois que ça s'apprend. », « Je voudrais te revoir... » Jean-Louis Bory pense que le message politique s'efface au profit du message moral : « L'essentiel de ce message moral, je le verrais dans l'apologie de la lucidité. Loin de se réfugier dans quelque métaphysique que ce soit (il n'y a pas de place pour Dieu dans *Hiroshima mon amour*), ou dans ce conformisme hypocrite qui consisterait à vouloir réinventer l'amour au cœur d'une société soigneusement inchangée, il faut ouvrir grands les yeux – tenir compte du réel, objectif et subjectif : les souvenirs existent, et le lyrisme [...]. Voir le monde, les autres. Se voir, et voir en soi : la Française, bouleversée par sa rencontre avec le Japonais, tente inlassablement de voir clair en elle, de se définir par rapport à Nevers, et à Hiroshima, par rapport à son passé et à son existence présente. À l'intérieur des limites reconnues par la lucidité, alors la liberté peut s'exercer contre les tabous moraux, ou sociaux, ou temporairement politiques » (*Artsept* n° 1, pp. 35-36).

Les personnages

« Au début, le couple est impersonnel. Cet homme compréhensif et indigné devant le malheur qu'il découvre, ce pourrait être nous-mêmes. Cette femme n'a pas gardé du décor émotionnel de Hiroshima des souvenirs très personnels. Cela commence un peu comme un documentaire. Mais peu à peu, il y a un virage. Par une sorte de travelling moral, la femme devient un individu précis, sa conscience passe au premier plan » (Alain Resnais).

Les personnages n'ont pas de nom. Même l'Allemand n'a qu'un « nom allemand » qui ne sera jamais précisé. On dit : Lui, Elle, on dit : la Française, le Japonais. Ils finissent par se retrouver dans les noms de deux villes : Hiroshima, Nevers-en-France. Et peut-être nous est-il signifié alors que les deux personnages principaux sont Nevers et Hiroshima et que cet homme et cette femme sont les « conducteurs » ou les « médiateurs » chargés de donner un corps à ces villes.

Ces personnages humains ont leur singularité. Un ingénieur japonais que la politique intéresse et qui a appris le français « pour lire la Révolution française ». Une actrice française venue au Japon pour jouer un rôle (lequel ?) dans un film sur la Paix ; elle a son idée sur Hiroshima (« J'ai mon idée là-dessus. Par exemple, tu vois, de bien regarder, je crois que ça s'apprend. »). Ils sont ce qu'on appelait des « intellectuels de gauche ». On ne saura pas grand-chose du Japonais, sinon qu'il est marié à une femme qu'il aime (provisoirement absente), et qu'il a l'habitude de travailler l'après-midi. En 1945, il était militaire.

Le rôle principal demeure celui de la Française, on en saura un peu plus d'elle. Née en 1925, elle a 34 ans. Elle a connu un amour allemand à Nevers pendant l'Occupation. Son père est pharmacien. Elle est mariée, a des enfants et vit à Paris. Elle a parfois des aventures. Tout ce qu'il est possible de dire d'elle relève de la projection personnelle. Resnais lui-même donne l'exemple, avec humour : « Sa rencontre avec le Japonais lui fait surtout découvrir ce qui lui a manqué pendant dix ans de vie conjugale. Elle dit bien avoir été heureuse, mais je pense que son mariage est surtout une union affectueuse et tranquille. Le choc érotique la bouleverse. [...] Si on imagine une suite au film, je crois qu'il se passerait quelque chose à son retour en France... [...] Il y a chez elle une sorte de provocation, de révolte contre son milieu : d'une part, contre sa famille ; ce père bizarre, réfugié dans la boisson, sa mère, peut-être juive, et qui vit séparée d'eux ; d'autre part, contre la guerre et les conditions qu'elle crée pour leur amour : on peut supposer que les parents de son amant sont professeurs à Fribourg et menacés par les nazis, si bien qu'il ne peut pas déserter. Naturellement, ce n'est pas sûr, c'est encore une hypothèse... » Naturellement... « Pendant le tournage, nous racontions le soir toutes sortes d'histoires à son sujet, par exemple : elle est mythomane et cette histoire de Nevers qu'elle raconte à son Japonais n'a jamais eu lieu, ou bien : elle n'est pas à Hiroshima mais dans un asile, toute cette aventure, c'est elle qui l'invente. » Même si l'on tient compte de la part de jeu que comportent ces hypothèses, elles affectent le statut du personnage.

Ce travail de « projection » sur les personnages a frappé la plupart des spectateurs. Éric Rohmer, par exemple : « Je trouve souvent les personnages agaçants et, malgré ça, au lieu de m'en désintéresser, au contraire, ils me passionnent davantage. » Ou Jean-Luc Godard : « C'est vrai. Prenons le personnage joué par Emmanuèle Riva. On la croiserait dans la rue, on la verrait tous les jours, elle n'intéresserait qu'un nombre très limité de gens, je crois. Or, dans le film, elle intéresse tout le monde. »

Si l'on se fonde sur ce que montrent les images, il devient clair qu'à partir d'un moment, il nous est signifié que le personnage de la Française se dédouble. Dans l'épisode Nevers, par le jeu de ses reflets dans la glace de sa chambre (ou celui de l'ombre du fer forgé du soupirail), puis dans l'épisode Hiroshima quand elle est à l'hôtel et que l'on voit son reflet dans le miroir tandis que l'on entend sa voix : tantôt ses lèvres bougent, tantôt non, si bien que le texte semble dit tantôt par le reflet, tantôt par le personnage hors champ, ou bien tantôt réellement, tantôt en esprit. Jamais l'expression « se parler à soi-même » n'a été aussi scrupuleusement montrée. Pour se parler à soi-même, il faut bien être deux.

Resnais a modifié des détails du script de Duras. Le texte dit que l'on a tiré d'un jardin sur le soldat allemand ; le film montre une gloriette (à moins qu'il ne s'agisse d'un « jardin d'hiver »). Cela entre dans la série des différences entre ce qu'elle dit et ce que l'on voit : « Je vois l'encre. », elle renverse un encrier d'où ne coule aucune encre. Ces différences créent nécessairement un doute sur la nature de ce que nous voyons : souvenir arrangé ? fantasme ? On entre dans le domaine de l'indécidable. « Il y a une page tout à fait passionnante d'Arthur Kœstler dans *Le Cri d'Archimède* où il dit que la manière dont un romancier fabrique un imaginaire pour le lecteur est en fin de compte impossible à distinguer qualitativement d'un souvenir. » (Resnais). Du coup le mot « flash-back » perd de son sens. Resnais a demandé à Marguerite Duras une histoire « où le passé ne serait pas exprimé par de véritables flash-backs, mais se trouverait pratiquement présent tout au long. » (en 1968, il prétend « n'avoir jamais fait encore de flash-back... Dans *Hiroshima*, il n'y a pas une seconde de flash-back ») Et l'on se prend à s'interroger aussi sur ce que nous entendons. Nous voyons qu'un disque est mis en marche dans le juke-box. La valse composée par Georges Delerue semble être ce disque. Une fois que celle-ci est terminée, on entend de la musique japonaise. L'on est en droit de faire l'hypothèse suivante : entre le moment où l'on voit le juke-box actionné et celui où nous entendons cette musique japonaise, c'est-à-dire pratiquement entre le gros plan du chat et la gifle, nous entendons la petite musique de la nostalgie qui n'est que dans la tête de la Française et non dans l'appareil diffuseur de musique. Ce qui pose de façon aiguë la question du temps dans ce film.

Le temps

Le problème du temps dans *Hiroshima mon amour* a préoccupé tous les commentateurs. Resnais a été immédiatement considéré comme un cinéaste de la mémoire. On a même pu définir les chemins divergents que lui et Marguerite Duras auraient suivi en opposant une mémoire-monde (qui s'exprimerait totalement dans *Mon Oncle d'Amérique*) à un mécanisme théorique de la mémoire/oubli ouvrant le texte à une répétition infinie de signes (cela donnerait *Aurelia Steiner*) qui rapprocherait Marguerite Duras de Maurice Blanchot.

Il n'est pas question d'entrer dans ce débat sur les œuvres postérieures. Resnais est prudent sur le sujet de la mémoire : il dit que « le thème de la mémoire est présent chaque fois qu'une pièce est écrite ou qu'un tableau est peint ». Dans le texte de *Hiroshima mon amour*, le retour même des mots « oubli » et « mémoire » justifie que l'on voie là un des thèmes fondateurs de l'œuvre. C'est trop évident. Il y a non seulement ces mots, mais aussi des expressions banales réactivées dans ce contexte, telles que « j'ai le temps » ou bien « tuer le temps », ou encore « quelquefois », « un jour », « toujours », « jamais », « plus jamais »... Sur la phrase : « Pourquoi nier l'évidente nécessité de la mémoire ? », Resnais monte cinq plans de la coupole du Palais de l'Industrie, le seul bâtiment à être resté debout après la désintégration atomique ; ces plans sont un rappel de ceux de la coupole de la Bibliothèque nationale dans un court métrage de Resnais précisément intitulé *Toute la mémoire du monde*.

Comme le dit Gilles Deleuze : « Il y a deux personnages, mais chacun a sa propre mémoire étrangère à l'autre. Il n'y a plus rien de commun. C'est comme deux régions de passé incommensurables, Hiroshima, Nevers. Et tandis que le

Japonais refuse que la femme entre dans sa propre région (« J'ai tout vu... tout... – Tu n'as rien vu à Hiroshima, rien... »), la femme attire dans la sienne le Japonais volontaire et consentant, jusqu'à un certain point. N'est-ce pas pour chacun une manière d'oublier sa propre mémoire, et de se faire une mémoire à deux, comme si la mémoire maintenant devenait monde et se détachait de leurs personnes ? » (*L'Image temps*, p. 154).

À côté de la mémoire et de l'oubli, il faut faire sa place à un autre thème lié au temps, celui de la répétition : « Cela recommencera. » dit la Française à propos de la bombe, et elle parle de quatre étudiants attendant une mort fraternelle et légendaire : le propre des légendes et des mythes est d'être répétitifs. Il y a les grandes répétitions (les marées cosmiques, par exemple) comme les petites répétitions : tous les matins à quatre heures passe à l'extérieur un homme qui tousse. Enfin, et c'est la répétition fondamentale du film, l'amour de Hiroshima répète à sa façon l'amour de Nevers. C'est ce qu'a très bien vu Bernard Pingaud qui fonde son analyse sur l'entrecroisement de tous ces thèmes relatifs au temps.

« À l'origine d'une œuvre, il y a toujours une idée. L'idée de *Hiroshima mon amour* est celle-ci : la mémoire étant une forme de l'oubli, l'oubli ne peut s'accomplir totalement qu'une fois que la mémoire a elle-même totalement accompli son œuvre. Vis-à-vis de son amant japonais, la jeune actrice qui tourne à Hiroshima un film sur la bombe atomique se trouve, quatorze ans plus tard, dans une situation comparable à celle qu'elle avait vécue, pendant la guerre, avec un soldat allemand. Toute la démarche du film consiste à lui faire découvrir cette similitude, la comprendre et s'en délivrer.

L'aventure ancienne, que son atrocité rendait insupportable, est oubliée. Non pas disparue, non pas liquidée, mais présente au contraire, et, comme le film le montrera, écrasante dans cet oubli même. L'oubli est donc, d'une certaine façon, mémoire. Mais une mémoire sans distance, une mémoire qui ne distingue pas et qui, pour cette raison, n'a pas la force d'*endurer* ce qui l'écrase : parce qu'elle ne peut pas l'endurer, elle le cache. C'est le premier mouvement, antérieur au film. Le deuxième mouvement sera l'apparition fascinante. Un certain présent fait resurgir un certain passé, dont l'attraction est d'autant plus forte qu'il est resté plus longtemps couvert du voile de l'oubli. Racontant ce passé au Japonais, l'héroïne le regarde et manque de s'y perdre. L'épisode de Nevers a la même densité, il est marqué à ses yeux de la même évidence que celui de Hiroshima – avec ceci de plus qu'on ne peut rien y changer. C'est cette immutabilité qui le rend fascinant. Mais dès l'instant où elle est comprise, la mémoire retrouve ses droits. L'image obsédante devient enfin un souvenir, le passé est enfin saisi comme passé. Le troisième mouvement consiste à distinguer les deux plans que la répétition confond et à rétablir entre eux une distance. Ce qui fut n'est plus : le drame d'autrefois perd son prestige paralysant, il entre dans une histoire. Du même coup, l'aventure d'aujourd'hui, que le passé enchantait à l'insu de la jeune femme, se dépouille de sa magie. Le temps se remet à couler. La mémoire délivrée rend l'héroïne à elle-même, Hiroshima meurt avec Nevers.

On voit immédiatement que le film ne pouvait être construit que comme un immense retour en arrière. Mais l'expression est ici très impropre. Le *flash-back* sert ordinairement à expliquer ce que montre l'image. Loin de mettre en cause la mémoire, il la suppose toujours active ; ou plutôt, traitant cette mémoire comme une réserve dans laquelle le narrateur peut puiser à volonté, il en extrait les éléments passés qui feront comprendre le présent. Or, il n'y a pas encore de passé pour l'héroïne de *Hiroshima*, et pas non plus de mémoire. La situation qu'elle a déjà vécue ne saurait être utilisée pour rendre compte d'une situation qui, purement et simplement, la répète. Elle ne peut que resurgir dans et par cette répétition. Le film, qui commence à Hiroshima, nous donne l'impression de retourner ensuite à Nevers ; mais son déroulement véritable est inverse. Sous la poussée de Nevers, Hiroshima s'écroule, et c'est à une sorte de *retour en avant* que nous assistons, qui, d'abord, fait apparaître un épisode dans un autre, puis dissout ce second épisode dans le premier, en annonçant la disparition de Hiroshima à travers celle de Nevers » (*Premier Plan*, n° 18, pp. 5-7).

Si l'on suit cette analyse exemplaire, la gifle marque le moment où le temps peut de nouveau couler, et la valse de Georges Delerue est bien l'illustration musicale de l'enchantement dans lequel le présent est tenu par le passé, il en marque aussi le point culminant et terminal. « C'est vrai que j'aime beaucoup la forme de la valse. Je lui trouve quelque chose de sinistre, d'inquiétant, comme si ça préfigurait la brièveté de notre existence » (A. Resnais). Cette valse triste est l'adieu à l'amour de Nevers, qui devient souvenir et, comme tel, embaumé dans un bocal. Avant le moment de cette gifle, la temporalité est donc très particulière : une coexistence de deux univers et de deux temporalités incommensurables, Nevers vient dans Hiroshima, le vampirisant. Gilles Deleuze dit bien que la Française attire le Japonais dans son territoire. D'ailleurs le personnage Nevers a un aspect gris et fantomatique alors que, curieusement, Hiroshima a la vitalité des villes modernes. Resnais attribue cette impression à un détail technique : « Les images obtenues grâce aux longs foyers que Vierny et moi avons choisis et qui *ralentissent* le mouvement se trouvent peut-être coïncider avec l'élément *attente* qui caractérise essentiellement la période de l'Occupation. Avez-vous remarqué, par exemple, le moment où la mère court vers sa fille qui est cachée derrière un arbre ? Elle a une façon... une façon lente de courir, non pas maladroite, mais... inconfortable si je puis dire ; en somme, ce que j'ai voulu, c'est obtenir des images inconfortables. » L'univers de Nevers est un peu celui de morts-vivants, préparant celui de *L'Année dernière à Marienbad*.

Analyses

Ensembles 1 et 2 : une mémoire d'ombres et de pierre

On retient généralement comme début de *Hiroshima mon amour* les quatre plans qui montrent des corps enlacés et qui sont reliés par des fondus enchaînés. De la cendre tombe sur ces corps qui devient ensuite une matière brillante, pailletée ; enfin, troisième métamorphose, les peaux apparaissent luisantes, compactes, presque métalliques. Jean-Louis Bory ne peut oublier « les premières images de *Hiroshima mon amour*. Deux épaules nues. Deux bustes enlacés. Deux corps sans visage. Qui s'étreignent en proie à une frénésie brûlante. Si brûlante que les peaux s'emperlent d'une rosée de sueur, cette frénésie, cette chaleur torréfiante, qui sont celles du désir, sont aussi celles de la douleur, du dépècement, de la mutilation, de la calcination. Sueurs du plaisir et de l'agonie, cendres de l'amour satisfait et de la mort. Première vérité de l'homme que nous imposent les premières images du film : nous sommes corps » (J.-L. Bory, article de la revue *Artsept*, n° 1, janvier 1963, p. 30).

Alain Resnais insiste sur le fait que ces images sont plus que des « représentations » : « ... le début n'est pas seulement une représentation du couple, c'est une image poétique. Et la cendre sur les corps, ça ne se réfère à aucune réalité anecdotique, c'est une pensée » (A. Resnais, *Esprit*, juin 1960).

L'utilisation des fondus enchaînés est intéressante parce que, comme Resnais l'a fait remarquer lui-même, « ce qui est curieux, c'est qu'auparavant jamais je n'en faisais ». De fait, il avait déjà utilisé ce procédé, mais parcimonieusement. La nouveauté est qu'il s'en sert dans *Hiroshima mon amour* avec une certaine prodigalité. L'enchaîné est la procédure du recouvrement, celle de l'apparition et de la disparition, celle de l'effacement, celle qui met en évidence une modification. Ce film rappelle un moment du passé qui, revenant, anticipe la perte de l'amour présent ; l'un efface progressivement l'autre. L'utilisation des fondus enchaînés était logique. Au moment où ils sont utilisés, sur les bustes enlacés, ils disent la transformation, la métamorphose. Ces corps morcelés qu'on ne peut identifier, sont soumis à un processus qui les minéralise, les liquéfie, les rend brillants, phosphorescents, compacts... Ils disent aussi autre chose : si, dans *Hiroshima mon amour*, « la violence atomique se change en écriture de l'atomisation », cela vaut aussi pour les fondus enchaînés qui répètent les effets de la bombe, faire fondre (« l'asphalte brûlera ») et enchaîner (« J'ai vu des capsules en bouquet. Qui y aurait pensé ? »). Il y a enfin dans cet ensemble de plans quelque chose qui rappelle le fameux prologue de *Citizen Kane* dans lequel « des paysages disparates se succèdent dans une atmosphère de chaos primitif [...] où les éléments, la terre et l'eau, sont encore mélangés » (Michel Chion, *La Voix au cinéma*, p. 78), et où le fondu enchaîné sert précisément à assurer le passage d'un paysage dans l'autre. La dimension « magma des origines » est bien présente dans ce début du film.

D'autant que ces plans d'*Hiroshima mon amour* ne sont pas au sens strict les premiers, ils suivent le générique qui défile sur une image où l'on verra le véritable « premier » plan du film. Ce plan est peu lisible. Que montre-t-il ? Une empreinte fossilisée ? Mais une empreinte de quoi, ou de qui ? D'un corps ? L'on pourrait tout aussi bien parler de trace, ou encore d'écheveau de barbelés, ou de cristaux, ou d'« étoile à branches épineuses ». Est-ce un territoire vu d'avion ? une-

cicatrice ? Il s'agit peut-être de l'ombre « photographiée » sur la pierre d'un disparu d'Hiroshima, image que Marguerite Duras imaginait accompagnant son texte au moment où celui-ci parle de « mémoire d'ombres et de pierre ». Cette image réapparaît plus de cent plans après, cadrée de plus loin,

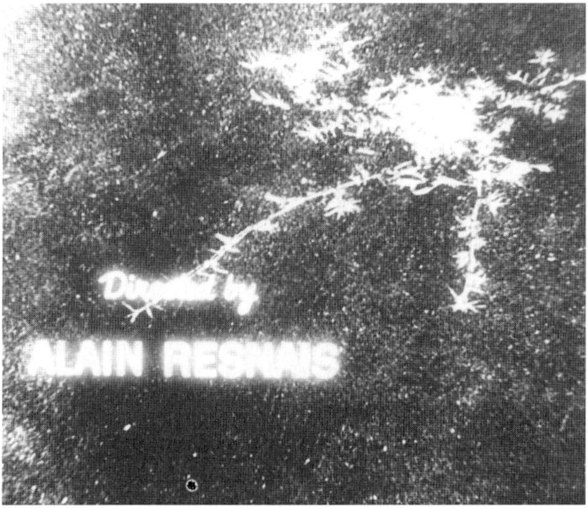

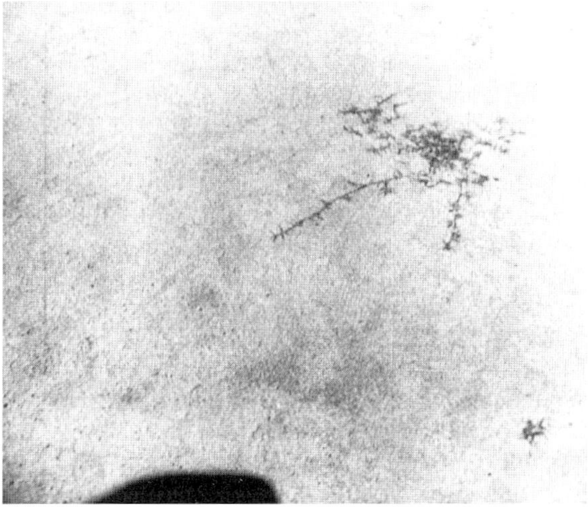

en inversant les rapports noir et blanc ; elle est alors enchaînée avec l'estuaire de la rivière Ota, main ou pieuvre. Elle évoque aussi le crâne des irradiés qui se fissure, où des fêlures se dessinent. Le film débute donc par une image énigmatique, difficilement interprétable. « Tu n'as rien vu à Hiroshima. » L'expérience est de cet ordre, intraduisible, irreprésentable, on ne peut qu'en montrer les traces.

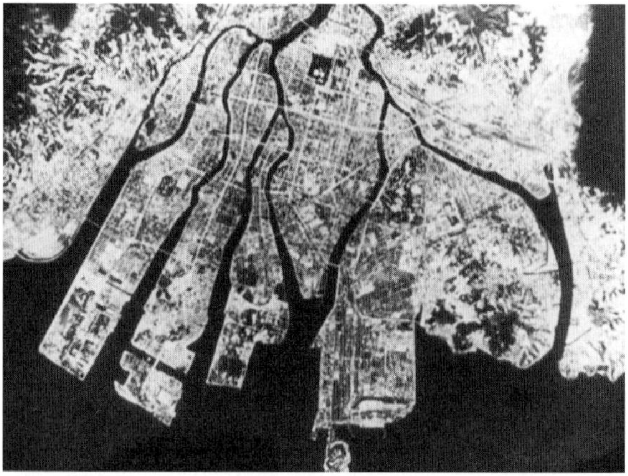

L'ombre et la pierre disent l'épaisseur et l'absence d'épaisseur, à la fois ce qui est massif et impénétrable et ce qui est sans corps et obscur. Aux pierres calcinées du musée d'Hiroshima font écho les pierres sur le quai de la Loire à côté du corps de l'Allemand, suggérant que ce corps acquiert la rigidité et la froideur de la pierre. L'ombre et la pierre disent aussi l'ombre sur la pierre, la projection et la surface de projection, la première ombre sur la paroi de la caverne, les débuts de la représentation, une main dessinée, un positif et un négatif. Lorsque le film s'achève et que les deux noms ont été échangés, que reste-t-il ? Le mot fin, blanc sur noir et le thème de l'Oubli qui s'achève brusquement sur un cri (selon Henri Colpi). Un retour à une sorte d'effacement.

Marie-Claire Ropars-Wuilleumier parle dans ce début de film de « la constitution d'une figure globale, à la forme étoilée, la structure irradiante, et l'énergie dissociative : à partir des corps, noyau compact mais déjà fissuré, s'étendent des branches irrégulières, mobiles, instables, qui finiront par faire exploser les corps eux-mêmes. Est-ce un hasard si cette figure, tracée au générique dans l'empreinte qui prend la forme d'une étoile irrégulière, se retrouve au musée, lorsqu'un plan relève brièvement, sans commentaire, une maquette représentant la structure mobile, lumineuse, explosive de l'atome ? L'illisibilité de l'empreinte générique n'a donc pas à être déchiffrée en termes figuratifs ; elle est trace ou matrice d'une force déstructurante à l'œuvre dans le montage du prologue et qui s'exerce par et contre le noyau des corps. Sa reprise inversée au plan 118, qui ouvre le parcours dissociatif, ne fait que désigner l'inversion à laquelle elle se trouve soumise au cours du prologue, lorsque d'objet du discours elle se change en figure du texte » (*Écraniques*, p. 43).

Cette image n'apparaît pas seule. Elle est accompagnée de sons et de lettres, du thème de l'Oubli qui enserre le film, et de lettres dont certaines composent le titre du film. *Hiroshima mon amour*, et « sous-entendu » ce « jamais plus » associé à la bombe atomique et qui scande la relation de la Française et du Japonais, comme l'amour pour l'Allemand est désormais révolu à jamais : « Nous ne nous reverrons jamais. » L'amour mort de Nevers devient un « jamais plus » pour le Japonais.

Ensemble 21 : errance nocturne

Cet ensemble est entre deux « noirs », l'un très marqué, l'autre rapide.

Plan 1

La Française vêtue d'un ensemble blanc marche cadrée mi-cuisse et précédée par un travelling arrière. Elle est sur la droite du champ. À gauche, en retrait, décalé par rapport à elle, le Japonais. Le vent souffle. Les cheveux de la femme sont soulevés. Des banderoles sont agitées. Il la rattrape, la caméra s'immobilise. Derrière eux une inscription : « Fukuya » et le logo de cette firme apparaissent quatre-cinq fois répétés le long des murs. Il dit : « Reste à Hiroshima avec moi. » Elle fait un signe négatif de la tête et recommence à marcher. La musique (thème du Fleuve) s'arrête ; on n'entend plus que le

bruit de ses pas à elle. Le travelling arrière reprend. Le Japonais reste en arrière, marchant plus lentement. Elle avance en pleine lumière, lui dans la pénombre, et commence un monologue intérieur : « Il va venir vers moi, il va me prendre par les épaules... » Elle serre sa main droite qu'elle porte vers son menton. « Il m'embrassera, il m'embrassera et je serai perdue... » Son poing s'abaisse. On entend quelques notes de guitare. La caméra s'arrête. La Française sort du champ à gauche. Lui s'arrête dans le fond, vers la droite.

Plan 2

Légère contre-plongée. La Française sur la droite, coupée taille de trois-quarts dos. Sur la gauche, à contre-jour, deux guitaristes viennent à sa rencontre. Ils la croisent et sortent du champ par la droite. Au-dessus des personnages, des enseignes au néon en Japonais, l'une est en caractères latins : « Cinéma ». Bruit de ses pas à elle, notes jouées à la guitare.

Plan 3

En gros plan, une voiture de profil, immobile. Une femme (visible par sa robe seulement) est dans cette voiture. La voiture avance légèrement à droite ; elle reste en amorce. Dans le fond, la Française venant de face. Derrière elle arrive lentement une voiture, phares allumés. La voiture s'arrête à sa hauteur, sur sa droite, puis repart et sort du champ à gauche. Bruit de moteur.

Plan 4

Même type de cadrage qu'au plan 2. La caméra effectue un panoramique vers la gauche et vers le haut, sur des enseignes (une verticale) et le ciel noir. Mouvement lumineux des enseignes du fond vers l'avant. Après un début de plan silencieux, la musique reprend (thème Corps).

Plan 5

Lent travelling en contre-plongée sur des enseignes, mais du côté inverse. Bruit des pas (thème Corps).

Plan 6.

Travelling avant sur le coin d'un mur et d'une rue à Nevers. Dans le fond, toiture conique. À l'angle du mur, deux tiges métalliques portant des transformateurs électriques et une plaque « Place de la République » vers laquelle la caméra s'approche très près en contre-plongée (thème Corps).

Plan 7

Travelling avant sur des enseignes lumineuses horizontales. Le mouvement de la caméra et le mouvement interne aux enseignes (droite-gauche) se combinent. Fin musique. Voix de la Française : « Je te rencontre. » Début d'un nouveau thème musical (thème Musée).

Plan 8

Travelling latéral en contre-plongée sur une rue et des façades de Nevers. « Je me souviens de toi. Cette ville... » (thème Musée).

Plan 9

Travelling avant en contre-plongée. Enseignes à Hiroshima. Toutes en Japonais sauf « Cinéma Ritz ». Figure d'une fusée avec mouvement ascendant de la lumière. « ... était faite à la taille de l'amour. Tu étais fait à la taille de mon corps même. Qui es-tu ? Tu me tues... » (thème Musée).

Plan 10

Travelling latéral en contre-plongée le long d'une rue et de façades à Nevers ; à droite : une échauguette, fils électriques. « J'avais faim. Faim d'infidélité, d'adultère, de mensonges... » (thème Musée + thème Corps).

Plan 11

Travelling latéral vers la droite. Nevers. À gauche, un mur, à droite, un mur, entre les deux, de face, des platanes nus, moignons des branches à contre-jour, dans le fond des fils électriques. « ... et de mourir, depuis toujours. » (thème Musée + thème Corps).

Plan 12

Travelling avant, elle cadrée en forte contre-plongée de dos marchant le long de façades sur la gauche, frondaisons et enseignes lumineuses clignotantes, sur l'une se lit le mot « Bar ». « Je me doutais bien qu'un jour tu me tomberais dessus. Je t'attendais dans une impatience sans borne, calme. Dévore-moi... » (thème Musée + thème Corps, puis thème Musée seul).

Plan 13

Travelling avant (latéral) droite-gauche. Nevers. Moignons d'arbres à contre-jour. Dans le fond, silhouettes de façades de deux maisons surmontées de toits pointus et chacune d'une longue cheminée ; fils électriques. « ... déforme-moi à ton image, afin qu'aucun autre après toi ne comprenne plus du tout le pourquoi de tant de désir. » (thème Musée).

Plan 14

Travelling avant en contre-plongée sur la façade d'une maison à Nevers. Fenêtres à croisées. « Nous allons rester seuls mon amour. La nuit ne va pas finir. » (thème Corps : piano et orchestre).

Plan 15

Contre-plongée sur elle de trois-quarts face marchant de gauche à droite. Travelling arrière la précédant. Derrière elle, une façade moderne avec beaucoup de fenêtres, le bas plus éclairé que le sommet. On retrouve le logo de la firme Fukuya dont le nom apparaît immédiatement après. « Le jour ne se lèvera plus sur personne. Jamais, jamais plus. Enfin... » (thème Corps : piano et orchestre).

Plan 16

Travelling avant. À droite, bas d'une enseigne et façade. Dans le fond de face, l'enseigne représentant une fusée. Musique seule (thème Corps : piano + orchestre).

Plan 17

Elle, cadrée d'un peu plus loin, marchant bras croisés sur un trottoir et passant devant un étalage de maraîcher au bas d'une façade. Un cycliste (triporteur) passe de gauche à droite et sort du champ par la droite. Vent. « Tu me tues encore, tu me fais du bien. » (Thème Corps : piano et orchestre. À la toute fin du plan, le piano seul : une note).

Plan 18

Travelling : façade, courette, grille, œil de bœuf dans le comble brisé d'un toit à la Mansart couvert d'ardoise. « Nous pleurerons le jour avec conscience et bonne volonté. Nous n'aurons plus rien d'autre à faire, plus rien, que pleurer le jour défunt. Du temps passera, du temps seulement. » (thème Corps au piano).

Plan 19

Travelling avant en contre-plongée sur l'abside d'une église. « Et du temps va venir. Du temps viendra... » (thème Corps au piano).

Plan 20

Elle, d'abord invisible dans l'obscurité, apparaît cadrée d'assez loin, travelling arrière, panoramique gauche lent jusqu'à ce qu'elle disparaisse sous un porche ; panoramique filé se terminant sur la perspective d'une rue de face avec de chaque côté des enseignes. « ... où nous ne saurons plus du tout nommer ce qui nous unira. Le nom s'en effacera peu à peu de notre mémoire. Puis, il disparaîtra tout à fait. » (Fin du thème Corps sur une note longuement soutenue).

Commentaire

Le passage décrit apparemment une déambulation dans une ville moderne, la nuit. Cette déambulation paraît se boucler sur elle-même, dans le sens où la publicité pour la marque Fukuya, présente au début, réapparaît vers la fin ; la remarque vaudrait aussi pour cette enseigne lumineuse en forme de fusée ou de bombe renversée vers le ciel. Très vite cependant, le personnage qui marche sur les trottoirs disparaît et sa voix présente sur la bande-son, voix détachée de tout corps, retrouve une procédure que le spectateur reconnaît : au début du film, il écoute dialoguer deux personnages et surtout soliloquer la femme sans avoir jamais vu de visage : « Ce texte ne représente pas pour moi un dialogue réel entre l'homme et la femme, mais une espèce de rêve, de voix qui vient de l'inconscient, qui est à la fois celle des auteurs et celle des spectateurs, qui ne deviendra que plus tard celle des personnages principaux. C'est une espèce de grand travelling dans les nuages de l'inconscience pour arriver aux deux personnages, c'est une manière aussi de brosser un climat sensoriel qui permette peut-être après de donner à cette histoire d'amour un autre accent, une autre résonance ». Au moment du passage examiné, tout se passe comme si Resnais se défaisait progressivement de ses personnages et cherchait à les renvoyer au néant, à retrouver le climat d'indistinction du départ. Dans le dernier plan, la Française émerge de l'ombre pour disparaître très vite sous un porche, après quoi un panoramique filé d'une grande rapidité cadre une rue déserte.

Si l'on excepte le tout début (« Il viendra vers moi... ») qui renvoie à une situation présente, à une action possible (le Japonais est en effet présent), il est difficile de situer précisément ce qui est dit sur une temporalité précise, d'autant que le personnage de la Française est absent à l'image. Et de qui parle-t-elle ? À quel homme s'adresse-t-elle ? Ce monologue rassemble les thèmes de la mémoire, de l'oubli, du désir, du « jamais plus » (*nevermore*). Quant au commentaire : « Il se rapproche de ce que vous pouvez proférer dans le demi-sommeil du matin ou quand vous parlez seul dans la rue en état d'exaltation. », c'est-à-dire précisément dans une temporalité imprécise. Ce passage vient après la scène du café au bord du fleuve, après la gifle, quand, tout d'un coup, l'épisode de Nevers est renvoyé à la mémoire et à l'oubli, entraînant avec lui l'aventure actuelle de Hiroshima. La Française complètement désemparée a regagné son hôtel où elle semble prendre une distance par rapport à elle-même, à cette autre elle-même qui a vécu « un amour impossible » à Nevers, puis elle est ressortie et a rencontré une fois de plus le Japonais.

Deux thèmes musicaux se partagent le passage, si l'on excepte la fin du thème Fleuve entendue au début et les quelques notes à la guitare (seule musique provenant de l'univers des personnages). Trois plans ne sont accompagnés d'aucune musique. Le thème musical des Corps l'emporte nettement sur le thème du Musée : il accompagne dix plans contre quatre pour le thème Musée ; les deux thèmes sont superposés dans trois autres plans. Cette superposition attire évidemment l'attention. Elle est comme l'équivalent sonore d'une surimpression visuelle. Lorsqu'on examine la fonction des deux thèmes, on constate qu'il existe une disparité entre eux. Le thème Corps est associé à l'amour avec le Japonais comme à l'amour avec l'Allemand tandis que le thème Musée renvoie strictement à Hiroshima (jamais on ne l'entend sur des images de Nevers). Par ailleurs, le thème Corps apparaît de deux manières assez distinctes, tantôt exécuté au piano seul, tantôt orchestré. Ainsi l'idée d'une opposition stricte (ou d'une confrontation) de deux thèmes musicaux est-elle à nuancer.

Qu'en est-il des deux espaces ? Huit plans sont consacrés à Nevers, douze à Hiroshima. On peut envisager d'abord la manière dont ces plans sont répartis dans l'ensemble envisagé. Hiroshima apparaît dans cinq plans successifs au début, dans trois plans successifs vers la fin ; pour le reste, dans quatre plans isolés. Nevers apparaît à trois reprises dans deux plans associés et deux fois dans un plan isolé. Cette répartition plus régulière de Nevers donne le sentiment, après le début massif consacré à Hiroshima, que les deux séries sont d'importance égale, que le présent de Hiroshima aurait même tendance à s'effriter. Les composantes plastiques et thématiques de ces séries sont on ne peut plus opposées. La qualité de l'image est différente : on sait que les chefs opérateurs ne sont pas les mêmes, ni le type de focale qu'ils ont utilisée. Hiroshima apparaît comme une ville moderne, éclairée de néons, avec des bâtiments géométriques, seuls les caractères japonais situent le lieu ; en revanche, Nevers est une ville provinciale française avec son architecture ancienne, des demeures du XVIIIe siècle, une échauguette, une église romane..., aucune lumière, les seuls signes de la contemporanéité sont la plaque « Place de la République » et la présence obsédante dans le ciel des fils électriques. On a pu dire que Nevers finissait par paraître plus exotique que Hiroshima. Cependant, ces univers si disparates se ressemblent étrangement en ce qu'ils sont liés par des mouvements de caméra s'enchaînant les uns aux autres, des travellings de même vitesse, celle du corps du cinéaste, si l'on en croit le témoignage de Sylvette Baudrot : « Dans Hiroshima, comme on n'avait pas de métronome et que c'était un machiniste japonais qui poussait la caméra, Resnais marchait le long du travelling, toujours du même pas, et le machiniste suivait son rythme. Quand un travelling commençait dans une rue de Hiroshima et se poursuivait dans une autre, c'est Resnais qui faisait ce raccord de rythme, en marchant à côté de la caméra. Je vérifiais avec le chronomètre, mais il l'avait très bien dans la peau, son rythme. Il ne se trompait jamais. » On a vu le lien de ce type de montage avec la fixité hypnotique.

Tous les plans de Nevers sont sans personnage ; ceux de Hiroshima se vident rapidement avant que ne réapparaisse la Française (les plans de Hiroshima sans personnage sont de nombre égal à ceux avec personnages). Hiroshima aurait donc tendance à « s'aligner » sur Nevers. Un ouvrage de photographies d'Alain Resnais, intitulé *Repérages* (1974), comporte quatre photos de 1959 (deux de Nevers, une d'Autun et une de Hiroshima) qui datent de l'époque où Resnais travaillait à son film. Jorge Semprun, qui a écrit la préface de cet ouvrage, note justement : « Que ce soit à Londres, à Autun, à Tokyo, à Édimbourg, à Nevers ou à New York, Resnais ne *voit* pas, au premier abord, les figures humaines, le visage des hommes et des femmes. Sa rétine, semblable en cela au cuivre argenté des daguerréotypes, n'est pas *impressionnée* par l'homme. Et ce n'est plus, chez lui, une question de temps de pose. Sans doute, l'appareil qu'il a longtemps utilisé est d'un modèle ancien (il s'agit d'un Leica des années 30, prêté par Agnès Varda pour les repérages de *Toute la mémoire du monde*, en 1956), mais parfaitement capable d'enregistrer le mouvement, de saisir l'instantané, le pittoresque, l'éphémère beauté ou l'horreur fugitive. Ce n'est pas une question de temps de pose, donc, mais une question de métaphysique. [...] Ce sont des photos de lieux – de décors – où Resnais aimerait qu'une action se déroule, une fois, dans cette vie ou dans une autre vie. Décors où les personnages n'ont pas encore pris place, ou qu'ils ont déjà quittés : lieux vides d'avant ou d'après l'action. » Semprun compare ces photographies à celles d'Eugène Atget qui datent du début du siècle et qui montrent des vues de Paris vides. On comprend dès lors pourquoi l'effacement de l'homme à Hiroshima entrait dans les préoccupations de Resnais, et pas seulement pour des raisons politiques ou idéologiques.

« Lieux vides d'avant ou d'après l'action » ? Lieux d'une mémoire en train de se vider, de s'effacer. Cela vaut pour les plans de Nevers et cela vaut évidemment pour ceux de Hiroshima, images d'un présent en train de doucement basculer dans le passé. Le passé devient vraiment passé et s'engloutit tandis que le présent agrippé à lui perd ses couleurs, s'irréalise. Après quoi, il reste à l'héroïne à « flotter » comme un ectoplasme dans la ville, ou plutôt entre les deux villes, ballottée d'une ville à l'autre, définitivement égales devant l'oubli et la déréliction, chacune renvoyée à sa place sur la ligne du temps alors que jusqu'ici, elles étaient solidaires, tirant leur éclat de leur coexistence.

Épilogue

L'écrivain italien Giuseppe Ungaretti a écrit un texte intitulé « La Parole et le vide » qui semble définir le contexte dans lequel *Hiroshima mon amour* a été tourné, notamment dans les lignes qui suivent :

« L'homme, dirait-on, ne parvient plus à parler. Il y a une violence dans les choses qui devient sa violence et l'empêche de parler. Une violence plus forte que la parole. Les choses changent et nous empêchent de les nommer, donc d'inventer les règles pour les nommer et permettre aux autres d'en goûter l'événement. Peut-être est-ce parce qu'elles témoignent d'un monde apocalyptique où la race humaine doit vivre avec la possibilité de s'anéantir elle-même. Tout s'accumule sur un seul plan, et tout ce présent accumulé fait une sorte de ténèbre où nous ne discernons même plus les traits de notre époque, parce que la vitesse avec laquelle le temps avance est hors de toute mesure humaine. L'apocalypse, c'est peut-être cela » (*Innocence et mémoire*, p. 360).

Regards critiques

Le point de vue d'Alain Resnais

« Cela me paraît un peu le brouillon de quelque chose. À part une minute... C'est au milieu de la grande scène dans le Café du Fleuve. Okada dit : "Parfois il pleut ?", elle répond "Oui, le long des murs." Il me semble qu'il y a une minute du film qui répond à ce que je souhaitais. Je ne sais pas pourquoi.

Tu n'as rien vu à Hiroshima !, p. 218.

« Quand on lit un roman, on a l'impression – du moins pour certains types de romans – que le romancier vous laisse une grande liberté, demande au lecteur de ne pas être passif. J'aurais eu envie de faire un film dans lequel le spectateur, lui aussi, se sente la tête libre et du coup travaille à son tour, et essaye de remplir le film par son travail d'imagination. [...] *Hiroshima* est une espèce de film qui ne tient à rien. Si le spectateur n'a pas apporté quelque chose de son côté, il est certain que c'est très vide.

Tu n'as rien vu à Hiroshima !, p. 217.

Les réactions hostiles

Hiroshima mon amour a provoqué des commentaires passionnés à sa sortie, résolument hostiles, parfois ironiques, ou au contraire dithyrambiques depuis le « C'est de la merde ! » de Marcel Achard, président du Jury du festival de Cannes, jusqu'au « plus beau film que j'aie vu depuis cinq cent ans » de Claude Chabrol. Stève Passeur écrit dans *L'Aurore* : « Languissant, ennuyeux et d'une prétention insoutenable. » Louis Chauvet insiste dans *Le Figaro* : « ... écrit dans une langue amphigourique, prétentieuse, incroyable, encombrée de fausse poésie et de philosophie pesante. » L'acharnement dans l'éreintement signale au moins que les critiques qui n'ont pas été sensibles au film ne l'ont pas considéré non plus comme un objet indifférent.

« Je me suis égaré un jour dans une salle où était projeté *Hiroshima*. C'est ennuyeux, nul et laid. *L'Année dernière à Marienbad* est un autre *Hiroshima*. Aucune connaissance de l'acteur, aucun empire sur le décor, les éléments, aucun sens du récit, rien que de pauvres petits essais d'intellectuels qui jouent gravement à faire du cinéma. [...] Que tant de gens aient subi quatre-vingt-dix minutes d'Emmanuèle Riva et d'obscénités atomiques avec le sentiment de vivre une date de l'histoire de l'art, cela m'emplit de stupeur. Nous sommes en plein délire.

Michel Mourlet, *La Mise en scène comme langage*, p. 87.

Les réactions favorables

En juin 1959, le premier numéro de la revue *Présence du cinéma* s'ouvre par un texte de Pierre Kast qualifiant le film de « manifestation claire de génie », « un film comme on en voit peu souvent dans sa vie, un pur chef-d'œuvre ». Il se conclut par un article de Luc Moullet, « Hiroshima, un art de la révolution », proclamant : « Même ceux qui contestent le film ne peuvent nier leur étonnement, leur stupéfaction. » Cet article est précédé par quelques lignes consacrant Resnais « le plus grand réalisateur de sa génération ». Si le film a parfois été mal reçu, il a donc été tout de suite porté très haut. Michel Leiris écrit le 2 juillet 1959 à Resnais : « Nous sommes sortis bouleversés, et certains que Marguerite Duras et vous, ainsi que vos interprètes et vos autres collaborateurs, vous avez fait là quelque chose qui marquera dans l'histoire du cinéma : peut-être le premier film où dialogue (non commentaire), images (non illustrations), jeu des acteurs (non performances), musique et bruits (non fond sonore) forment un tout vraiment organisé. »

Ce qui frappe après coup, c'est la qualité d'une grande partie des textes suscités par le film de Resnais. La « fiche culturelle » de Philippe Durand dans *Image et Son* est un modèle du genre. Bernard Pingaud publie dans *Positif*, puis dans *Premier Plan*, une analyse en tous points remarquable. En 1962, l'Institut de sociologie de l'Université libre de Bruxelles réunit dans un volume les interventions à un séminaire consacré au film. Il s'agit d'une première qui anticipe de plusieurs années sur les publications de ce type. Le monteur du film, Henri Colpi, livre une analyse de la musique d'une rare précision si l'on songe à ce qui se publie ordinairement dans ce domaine.

Jean-Louis Bory

« Je t'appelle Nevers. Je t'appelle Hiroshima. C'est protester qu'au sein même de l'oubli tout ne sera peut être pas perdu. Nevers, Hiroshima ne sont pas les vrais noms, mais c'est quand même résister à l'anonymat fatal.

Hiroshima mon amour est le film de la résistance à la désintégration, puisque la désintégration, tombe ou oubli, est l'horreur moderne. Désintégration matérielle : Resnais continue de dénoncer la pulvérisation possible du monde, ce fracas peint par Picasso dans *Guernica* et dont Resnais nous avait obligé à voir les éclats meurtriers. Désintégration psychologique : la rencontre du Japonais a explosé, dans le cœur et l'esprit de la Française, comme une bombe ; pareil ravage ; un coup de pied dans la fourmilière ; et la malheureuse, ou la bienheureuse (toujours l'ambiguïté), essaie de recoller les morceaux de son petit univers, tentant par la confrontation du passé – Nevers, l'Allemand – avec le présent – Hiroshima, le Japonais – et peut-être, avec un peu de chance, par leur synthèse, de rebâtir un « moi » d'une unité douteuse. Et voilà l'amour à son tour désintégré par le Temps. Et puis viendra la Mort, où l'on retrouve la désintégration matérielle.

Jean-Louis Bory, *Artsept* n° 1, janvier-mars 1963, p. 37.

Marie-Claire Ropars-Wuilleumier

Pour Marie-Claire Ropars-Wuilleumier, critique à *Esprit* dans les années 60 et professeur de littérature française à l'université Paris-VIII, les films d'Alain Resnais ont constitué une référence constante pour la réflexion qu'elle mène depuis bientôt trente ans sur les relations qu'entretiennent la littérature et le cinéma à travers la notion de texte. Elle est à l'origine d'un ouvrage collectif consacré à un autre film de Resnais, *Muriel*.

« Un chant, c'est le seul terme qui puisse justifier Resnais du crime de littérature. Dépassant l'obsession du « théâtral », il ose se servir de la parole, mais le dialogue de *Hiroshima*, à la différence de celui des *Amants*, reste authentique dans la mesure où, sans calquer le langage sur l'image, il s'efforce de retrouver un ton lyrique qui réponde à la composition musicale du film : "Le texte est l'équivalent verbal des images, exaltant les images à venir" – c'est Marguerite Duras qui définit ainsi son commentaire ; il s'agit là de correspondance et d'harmonie, non pas d'expression ou de traduction : l'image comme la parole ou plutôt la voix constituent deux variations sur un même thème et ne peuvent exister l'une sans l'autre. Dans cette perspective musicale, la parole, parcourant toutes les gammes du chant, peut s'élever de la plus simple modulation – "Je vais rester à Hiroshima.", "Je crois que je t'aime.", "Impossible de te quitter." – à l'exaltation la plus lyrique ; car seules ces différentes tonalités peuvent suggérer la complexité mouvante du personnage et de sa recherche : de même que Mère Courage chante le chant de la Grande Capitulation, de même la femme de *Hiroshima* chante le chant de la contradiction – le thème central du film : "Je te rencontre. Je me souviens de toi. Tu me tues. Tu me fais du bien." Et seule l'incantation qui se dégage de répétitions incessantes peut rendre compte de l'obsession du temps : "Comme toi je connais l'oubli. Comme toi je suis douée de mémoire. Comme toi j'ai oublié. Comme toi j'ai lutté contre l'horreur de ne plus comprendre le pourquoi de se souvenir."

Esprit, juin 1960, repris dans *L'Écran de la mémoire*, © Seuil 1970, p. 20.

« Le film délie le texte, en l'enveloppant d'intervalles. Il le lie aussi – mais c'est aussi le lire – par la tension qu'il laisse affleurer entre les énoncés visuels et l'énonciation vocale.

Intervenant au plan 5, après la mise en place d'un réseau corporel, le premier échange dialogué fait jouer un conflit entre une voix masculine, qui nie préalablement la vision ("Tu n'as rien vu à Hiroshima, rien."), et une voix féminine qui l'affirme alors ("J'ai tout vu. Tout.") et prétend la démontrer : "Ainsi" (fin du plan 5) "l'hôpital, je l'ai vu. J'en suis sûre" (plan 6). L'image semble alors obéir à la voix féminine, puisqu'elle propose, du plan 6 au plan 12, une trajectoire imaginaire de la caméra à travers un hôpital. Mais le parcours se structure de manière à se nier : du plan 7, où la caméra avance dans un long couloir aux portes entrouvertes, gardées par des malades debout, au plan 12, où elle reprend le même trajet, mais sans malades et avec des portes fermées, la représentation a constitué son propre effacement, que souligne la reprise masculine au plan 12 : "Tu n'as pas vu d'hôpital à Hiroshima..." On pourrait mettre cette activité négative au compte d'un parti-pris "masculin" du montage, d'autant plus intéressant à relever que les interventions masculines sont plus rares que les féminines, qu'elles viennent seulement inverser. C'est pourtant la voix de la femme qui déclenche l'apparition de l'hôpital, comme elle déclenchera plus tard celle du musée, des actualités, des reconstitutions. Et c'est dans un énoncé féminin que le travail de l'image semble puiser son activité de détournement critique. L'insistance féminine au plan 7 – "L'hôpital existe à Hiroshima. Comment aurais-je pu éviter de le voir ?" – provoque en effet, à partir du plan 8 jusqu'au plan 11, la mise en place rapide d'une série de malades, féminins puis masculins, qui détournent la tête au fur et à mesure que la caméra s'approche. Et l'on peut alors considérer que l'image a procédé à une lecture de la phrase consistant à prélever le seul syntagme « éviter de le voir » pour lui imposer une interprétation littérale contraire au sens que le contexte phrastique (“Comment aurais-je pu...”) entendait lui donner.

L’image a lu le signe, mais en le déplaçant vers le conflit engagé dans le dialogue : elle a retourné contre elle-même l’affirmation portée par la voix féminine – conduisant ainsi le retour de la voix masculine. L’opération s’effectue dans une critique de l’acte de voir : le regard des malades se refuse d’autant plus qu’ils faisaient d’abord face à la caméra, et au spectateur qui voit avec elle ; lorsque chacun se détourne, c’est pour retourner vers un livre, un journal (plan 8, plan 11). Lire, donc, et ne pas voir : plus tard, le gros plan d’un œil détruit (61), dernier fragment prélevé dans les actualités, suscite, quelques plans plus loin, la fermeture de l’imagination (70), la fin des reconstitutions. L’imaginaire mis en place par les enchaînements dynamiques et non diégétiques de la caméra est un imaginaire négatif, qui non seulement dénie l’énoncé dominant, mais surtout qui insère la négation dans la vision – de la vision.

Écraniques, © PUL, 1990, pp. 38-39 ; publié antérieurement en 1983.

Pierre Sorlin

« Dans ce que j’appellerai provisoirement la seconde séquence de ce film, Emmanuèle Riva, qui joue le rôle d’une Française, est enfermée dans sa chambre d’hôtel avec un Japonais qu’elle a rencontré, le soir précédent, et qui est devenu son amant. Ils sont en train de bavarder – discussion tout à fait banale, une sorte de marivaudage – et soudain on entend quelqu’un qui tousse. Emmanuèle Riva dit : “Attends. C’est lui, il passe, toutes les nuits, à quatre heures du matin je l’entends tousser.” À travers cette toux, qui pour nous ne se rapporte à rien et dont nous ne saurons jamais rien, intervient comme une sortie en dehors de la chambre. Alors que la séquence est entièrement construite comme un enfermement (le tête à tête de deux personnes qui tout à la fois se connaissent profondément et ne se connaissent pas du tout), tout d’un coup le film impose un extérieur, quelque chose qui sort de cette chambre et nous rappelle qu’au-delà existe probablement tout un monde que nous ne rencontrerons pas. [...]

Je vais vous proposer un (autre) passage. Il s’agit, dans cette seconde séquence, du petit matin où les deux amants sont dans la chambre. À première vue, il s’agit là d’une scène assez simple dans laquelle la synchronisation du son est parfaitement respectée. Les tasses sonnent dans les soucoupes, la douche est une vraie douche, dans la rue on entend de vraies voitures. Cependant, si on est très attentif, on se rend compte que trois autres sonorités interviennent en arrière-fond : des grillons, un train et une musique. Pour les grillons, je n'ai pas de certitude car, à d'autres moments, le même bruit revient et force à se demander si ce ne sont pas plutôt des crapauds. Parlons d'une espèce de crissement – là encore, nous ne sommes pas suffisamment armés du point de vue sonore pour distinguer très nettement – dont l'indétermination est en elle-même intéressante. Grillons et crapauds sont un peu l'opposé : le sec et l'humide, deux impressions parfaitement incompatibles. De toute façon, il n'y a aucune raison pour qu'on entende ces grillons dans la chambre au moment où la fenêtre est encore fermée. C'est surtout au début de la séquence qu'on peut très nettement les percevoir ; le bruit, très léger, monte nettement jusqu'à l'arrivée de l'homme qui tousse. Mais les crapauds, c'est l'eau, à la fois le fleuve d'Hiroshima et la Loire, à la fois la pluie sur la France et les pluies de boue atomique sur Hiroshima. Il y a donc là tout un réseau qui se constitue, un réseau d'associations fragiles, que nous faisons ou ne faisons pas, que le film ne cherche à aucun moment à nous imposer, et qui cependant se constitue très bien si nous essayons de mettre en relation tous les moments où l'eau intervient, où elle coule dans le film (il y a de nombreuses fontaines, un bassin). Le retour régulier de ces grillons, criquets, crapauds, s'intercale dans les différents passages relatifs à l'eau. Et il y a là comme un thème à la fois sonore, visuel et sensible, qui se met en place, qui intervient mais sans jamais vraiment se rattacher à autre chose qu'à cette sensation d'eau qui coule. Finalement l'Allemand est mort au bord de la Loire, et l'eau qui coule appartient au passé du personnage joué par Emmanuèle Riva.

Je suppose que vous avez remarqué le train, car il est beaucoup plus flagrant. Dans les deux passages sur le balcon, on entend les voitures, on entend même les sonnettes des bicyclettes, mais on n'entend jamais de train. Le train, à nouveau, est un bruit interne. Nous entendons non seulement un train mais un sifflet de locomotive. [...] Ce train n'intervient sans doute pas par hasard. On l'entend par exemple quand le Japonais parle de Nevers. Or le train, c'est le déplacement, le mouvement, ce film est l'histoire aussi d'un voyage, le passé d'Emmanuèle Riva est un voyage autour de sa chambre à Nevers, un voyage de Nevers à Paris, un déplacement permanent. Le train propose l'idée très vague de l'ailleurs, du mouvement, du pays étranger, du pays où on ne revient pas.

« La bande sonore, ornement ou centre du montage ? », in *Conférences du Collège d'histoire de l'art cinématographique*, n° 5, printemps 1993, pp. 131, 145-146.

Glossaire

Agriffer (s') : S'attacher avec les griffes (en parlant de chats, par exemple). Par extension, s'attacher, s'accrocher avec les mains.

Allégorie : Suite d'éléments descriptifs ou narratifs dont chacun correspond aux divers détails de l'idée qu'ils prétendent exprimer. Exemple : le Temps représenté par la figure d'un vieillard avec une faux.

Andante : Terme qui se met en tête d'un morceau musical pour indiquer qu'il doit être joué ni trop vite ni trop lentement. Signifie donc « de mouvement modéré ».

Angle de prise de vue : Détermine le champ visuel enregistré par la caméra. Varie en fonction de la place de la caméra par rapport à l'objet filmé et de l'objectif (ouverture et distance focale) utilisé.

Araméen : Qui tient à la Syrie.

Assistant réalisateur : Son travail consiste à organiser le tournage. Pendant la préparation, avec l'aide du décorateur et éventuellement du régisseur, il fait les repérages. Il prépare le dépouillement et le plan de travail sous la supervision du directeur de production. Il peut s'occuper aussi de la distribution des petits rôles et de la recherche des figurants. Pendant le tournage, il veille à la bonne marche quotidienne du film. Il prépare la feuille de service du lendemain, veille à ce que les différents accessoires et décors soient prêts. Il organise, avec leur accord, les travaux des différents techniciens : habilleuses, maquilleuses, accessoiristes, etc. Sur le plateau, il dirige la figuration et organise les mouvements de foule et de véhicules.

Asynchronisme : Décalage entre l'image et le son. Produit des effets de contrepoint (musique/image, voix *off*/image, bruits/image, etc.).

Cadrage : Choix de l'angle de prise de vue, de l'échelle du plan, de l'organisation des objets et des personnages dans le champ, de l'évolution éventuelle de ces éléments au cours de la prise (mouvements d'appareil, mouvements des acteurs, etc.).

Cadre : Limite rectangulaire de la portion du champ que la caméra choisit d'isoler. Elle se confond avec celle de l'image sur le film et sur l'écran.

Champ : Portion d'espace couverte par la caméra et visible sur l'écran.

Choral : Le chant d'église protestant. Création de Luther. Parallèlement à ce choral chanté dont l'écriture demeurera toujours assez simple, un choral instrumental, pour orgue, se développe et devient peu à peu un objet musical des plus complexes.

« Continuité souterraine » : Il s'agit de la partie de l'ouvrage de Marguerite Duras intitulée « Les évidences nocturnes ». « Faites comme si vous commentiez les images d'un film fait » aurait dit Resnais à l'écrivain. Suivent un portrait du Japonais et de la Française et un texte dans lequel la Française raconte son existence à Nevers.

Contre-champ : Portion d'espace diamétralement opposée, donc complémentaire, au champ.

Contrepoint : Composition de deux ou plusieurs mélodies susceptibles d'être exécutées simultanement sans que chacune cesse d'être perçue pour elle-même.

Daguerréotype : Procédé primitif de la photographie, par lequel l'image de l'objet était fixée sur une plaque métallique. Du nom de l'inventeur, Daguerre.

Découpage : Division du film en parties, scènes, séquences, sous-séquences et plans. Le découpage est donc la prévision du tournage d'abord, du montage ensuite.

Déréliction : État d'abandon et de solitude de l'être humain « jeté dans le monde ».

Dialectique : Le mot s'emploie en une multitude de sens. Le plus souvent, on entend le mot à la suite du philosophe Hegel pour désigner la marche de la pensée procédant par thèse, antithèse et synthèse et qui reproduit le mouvement même de l'Être absolu ou Idée.

Didactisme : Néologisme (avec une nuance péjorative) sur didactique, qui a rapport à l'enseignement ; lourdement pédagogique.

Distanciation : Procédé de mise à distance de la réalité représentée de façon à ce que l'objet représenté apparaisse sous une perspective nouvelle qui en révèle le côté caché ou devenu trop familier. La distanciation brechtienne (*Verfremdung*) est un acte esthétique et politique.

Doublure lumière : Acteur de complément qui, lors de la préparation du plan, remplace l'acteur principal pendant que le chef opérateur règle la lumière. Il (ou elle) doit avoir la couleur des cheveux, le teint et les costumes identiques à ceux de l'acteur principal.

Échauguette : Guérite en pierre, placée en encorbellement aux angles des châteaux-forts, des bastions, pour en surveiller les abords.

Ellipse : Manière d'abréger, de retrancher pour ne conserver que l'essentiel.

Flash : Plan très bref.

Flash-back : Retour en arrière.

Fondu au noir : L'image s'obscurcit progressivement jusqu'au noir, puis l'image suivante apparaît.

Fondu enchaîné : Une image se substitue progressivement à une autre par surimpression.

Fortissimo : Terme musical : très fort.

Free Cinema : Mouvement de cinéastes anglais (Lindsay Anderson, Karel Reisz, Tony Richardson et Lorenza Mazetti) des années 50 marquant une réaction contre la situation du cinéma anglais en général, et du documentaire en particulier.

Gloriette : Petit pavillon ; spécialement, pavillon de verdure dans un jardin.

Image mentale : Toute représentation mentale d'origine sensible.

Image souvenir : Image représentant l'ancien présent que le passé a été.

Insert : Détail d'un objet ou d'un personnage cadré en très gros plan et venant s'intercaler dans une suite de plans plus larges.

Leitmotiv : Thème musical qui caractérise une idée, un personnage ou une situation et qui revient, parfois modifié, pour évoquer cette idée, ce personnage ou cette situation, voire en suggérer les transformations.

Litote : Se servir d'une expression qui dit moins pour en faire entendre plus.

Longues focales : Il s'agit des objectifs supérieurs au 50 mm en 35. Le champ est d'autant plus réduit que la focale est plus longue, la vitesse d'un personnage s'approchant de la caméra est très réduite. Il n'y a pas ou peu de profondeur de champ.

Longs foyers : Voir « Longues focales ».

Mixage : Opération consistant à mélanger les divers sons qui vont apparaître sur la bande son définitive. Après tournage et montage, on dispose à cet effet de plusieurs bandes : dialogue en direct, postsynchronisation éventuelle, musique, bruits.

Montage : Assemblage par coupes et collures des plans obtenus lors des prises de vue, selon (ou non) les directives du découpage.

Montage alterné : Images montées de façon à montrer alternativement des actions qui se déroulent simultanément.

Montage *cut* : Ou coupe franche. Passage « sec » d'un plan au suivant, sans effet optique.

Musique aléatoire : « Son articulation est censée obéir à la définition que donnait jadis Meyer-Eppler des processus aléatoires, comme étant ceux "dont le cours est déterminé dans sa totalité, mais dont les détails individuels dépendent du hasard." Heinz-Klaus Metzger a remarqué que les œuvres *ouvertes* échappent à cette caractérisation, et qu'en elles la "totalité" résulte généralement d'un hasard, les "détails individuels" étant au contraire déterminés » (Daniel Charles).

Musique « blanche » : Expression de Henri Colpi conçue à partir de « voix blanche », sans timbre.

Musique concrète : « Nous avons appelé notre musique "concrète" parce qu'elle est constituée à partir d'éléments préexistants empruntés à n'importe quel matériau sonore, qu'il soit bruit ou son musical, puis composée... par une construction directe, aboutissant à réaliser une volonté de composition sans le secours, devenu impossible, d'une notation musicale ordinaire » (Pierre Schaeffer).

Musique sérielle : « Dans le *dodécaphonisme*, succession de douze notes dont aucune n'est répétée. Il s'ensuit que toute *série* dodécaphonique doit comprendre les 12 notes de l'échelle chromatique. Elle ne se confond pas, toutefois, avec celle-ci ; elle exclut en effet toute consécution d'intervalles égaux (ce dernier interdit a été pratiquement levé dans la musique dite *sérielle*, particulièrement dans certaines compositions de Luigi Nono). Par *musique sérielle*, on entendait au départ toute musique constituée exclusivement d'une *série* de hauteurs et de ses modifications (rétrogradations, renversements, rétrogradations des renversements). Dès Webern, ce principe *sériel* était cependant élargi aux différents paramètres de chaque son. On a donc convenu d'appeler *sériels* les compositeurs faisant usage de "*séries* généralisées" ; c'est pourtant à une composition par *groupes* ou à une composition *statistique* que les *sériels*, dès cette époque, se consacraient. Aujourd'hui, la *série* ne se survit à elle-même que chez quelques isolés » (Daniel Charles).

Musique stochastique : « Du grec *stochos*, tendance, but. Ce mot désigne l'"évolution asymptotique vers un état stable" (Xenakis) propres aux phénomènes qui obéissent à la loi des grands nombres ; c'est à des musiques *stochastiques libres*, puis à des musiques *stochastiques markoviennes* qu'a conduit, selon Xenakis, l'évolution de la musique occidentale récente. Celle-ci renouerait ainsi avec des musiques antiques, byzantines ou extra-occidentales, dans lesquelles – toujours selon Xenakis – le primat des relations *hors-temps* se trouve reconnu (relativement aux relations dites *en-temps*), et avec lui le caractère exclusivement formel de la discipline musicale » (Daniel Charles).

Nouveau Roman : Ce terme a servi à regrouper un certain nombre de romanciers français à la fin des années 50 qui se définissent en s'opposant à une forme de romanesque traditionnel. Les réunissent : l'importance prépondérante de l'objet et de l'espace, la détérioration progressive de l'intrigue et de l'espace, la recherche d'une nouvelle approche de la personne. On, a qualifié leurs œuvres de « romans de laboratoire ».

Nouvelle Vague : Ce terme désigne la génération de cinéastes français qui accède à la mise en scène à la fin des années 50, dont ceux issus de la revue *Cahiers du cinéma* et qui, par la suite, ont monopolisé le terme. La quarantaine d'individus regroupée originellement sous le label « nouvelle vague » ne présente évidemment aucune homogénéité.

***Off* :** Tout ce qui est situé « hors champ » (sonore : voix ou musique ou bruit *off* ; spatial : tout ce qui est supposé déborder le cadre de l'écran).

Oxymore : Alliance de mots contradictoires.

Panoramique : Mouvement de la caméra pivotant sur son axe, horizontalement ou verticalement, son pied restant fixe.

Parabole : Récit allégorique des livres saints sous lequel se cache un enseignement moral ou religieux. Sens proche de « allégorie » et de « apologue ».

Photogrammes : Chacune des photographies instantanées fixées sur la pellicule.

Photographe de plateau : Technicien de plateau dont le travail consiste à photographier les acteurs et le metteur en scène pendant la préparation des plans et parfois pendant les prises. Le photographe de plateau peut faire aussi des photos d'ambiance concernant le travail du film dans son ensemble. Le matériel pris par un photographe de plateau est destiné à la presse et à l'affichage publicitaire.

Piccolo : Abréviation de *flauto piccolo*, petite flûte.

Plan : La plus petite unité filmique. C'est la portion de pellicule impressionnée sans interruption entre une mise en marche et un arrêt consécutif de la caméra, quel que soit le contenu des images impressionnées.

Plan fixe : Plan tourné par une caméra fixe. Son cadre reste invariable mais son contenu peut évoluer considérablement.

Plan-séquence : Très longue portion de pellicule montrant en continuité, sans collures, une action, un visage, un paysage, etc.

Plongée : Angle de prise de vue. Dans la plongée, la caméra domine ce qu'elle filme ; dans la contre-plongée, elle est située au-dessous.

Point de vue : Endroit à partir duquel a lieu la vision. Il établit la relation entre celui qui voit et l'objet de la vision.

Post-synchronisation : Procédé qui consiste à enregistrer après tournage les dialogues et les sons définitifs d'un film. Au tournage, on enregistre les dialogues et les sons sous forme de son témoin. On procède ensuite en auditorium comme pour le doublage. La post-synchronisation est utilisée quand le décor où l'on tourne est trop bruyant et quand l'acoustique est déficiente, surtout en décors naturels.

Profondeur de champ : Elle permet d'obtenir une image aussi nette au premier plan qu'à l'arrière-plan, et de situer toutes sortes de grosseurs de plans à l'intérieur d'un plan d'ensemble, par exemple.

Quatuor : Morceau pour quatre instrumentistes ou quatre voix. Parmi les quatuors instrumentaux, on rencontre le plus souvent le quatuor à cordes.

Raccord : Terme de montage. Assemblage de deux plans.

Récitatif : Passage chanté, de caractère essentiellement narratif, dans un opéra, un oratorio, une Passion. L'expression donnée au texte y est plus importante que la forme musicale.

Repérages : Ils consistent à rechercher, pendant la préparation, les décors intérieurs et extérieurs où va se tourner un film. Les repérages sont usuellement faits par le premier assistant réalisateur, parfois par le décorateur et le régisseur.

Rushes : Tirages positifs des plans tournés chaque jour et projetés le lendemain ou le surlendemain du tournage. La projection des rushes était, avant l'utilisation de la vidéo, le seul moyen de contrôler le jeu des acteurs, les cadrages, la lumière, les raccords.

Scénario ou script : Support écrit du film comportant le découpage intégral en séquences numérotées et minutées, les répliques, les indications concernant le lieu ou le moment de l'action, l'interprétation, les mouvements d'appareil...

Scène : Succession de plans possédant une unité dramatique, temporelle et géographique.

Scripte : Le travail de la scripte consiste, pendant la préparation, à établir le minutage du film, c'est-à-dire à calculer, scène par scène, la durée de ce que sera le film. Elle peut ainsi vérifier, au fur et à mesure du tournage, si le metteur en scène obtient un métrage correspondant à celui qui a été prévu. Pendant le tournage, la scripte est responsable des raccords de mouvements, de regards, de rapports et minute les plans avec un chronomètre.

Séquence : Ensemble de scènes formant une action définie. Si la scène se déroule dans un seul décor, la séquence peut en recouvrir plusieurs.

Structuralisme : Mouvement de pensée qui a connu son apogée en France dans les années 60. Il fut dominé par de grandes figures intellectuelles (Lévi-Strauss, Lacan, Foucault, Althusser, Derrida, Barthes...). Par-delà les divergences se dégage un postulat commun, le primat de la structure, couplé à une pensée de soupçon.

Surimpression : Image délibérément enregistrée sur une autre.

Surréalisme : Mouvement intellectuel qui prit son essor après la Première Guerre mondiale. Il eut en André Breton un élément cristallisateur, dynamique et légiférant. Il faisait appel aux forces psychiques de l'automatisme, du rêve et de l'inconscient. Ses visées étaient révolutionnaires jusque dans l'ordre politique.

Synopsis : Récit de moins de trente pages, résumant une œuvre préexistante ou donnant les grandes lignes d'un scénario original. Le synopsis ne comporte pas, en principe, d'indications techniques.

Thriller : Terme forgé à partir du verbe anglais *to thrill* (frissonner). Le mot *thriller* désigne une catégorie de films reposant sur le suspens et les rebondissements continuels de l'action. Il peut s'agir de films policiers, d'espionnage, mais aussi de films fantastiques ou de westerns...

Transfert : « Désigne, en psychanalyse, le processus par lequel les désirs inconscients s'actualisent sur certains objets dans le cadre d'un certain type de relation établi avec eux et éminemment dans le cadre de la relation analytique. [...] C'est le plus souvent le transfert dans la cure que les psychanalystes nomment transfert, sans autre qualificatif » (J. Laplanche et J.-B. Pontalis).

Travelling : Mouvement de la caméra déplacée sur un véhicule ou à la main (on distingue les travellings avant, arrière, latéraux, verticaux).

Bibliographie

Ouvrages sur Resnais et son œuvre

L'Arc n° 31, 1967, « Alain Resnais ou la création au cinéma ».

Premier Plan n° 18, octobre 1961, « Alain Resnais », Serdoc.

Théorème n° 2, « L'Amour à mort », Paris, Presses de la Sorbonne Nouvelle, 1992.

BAILBLE Claude, MARIE Michel, ROPARS Marie-Claire, *Muriel, histoire d'une recherche*, Paris, Galilée, 1974.

BENAYOUN Robert, *Alain Resnais, arpenteur de l'imaginaire*, Paris, Ramsay-Poche Cinéma, 1986 (nouvelle édition augmentée ; la première édition date de 1980 chez Stock).

BOUNOURE Gaston, *Alain Resnais*, Paris, Seghers, 1962 (rééd. en 1968 et 1974).

OMS Marcel, *Alain Resnais*, Paris, Rivages, 1988.

ROOB Jean-Daniel, *Alain Resnais, qui êtes-vous ?*, Paris, La Manufacture, 1986.

THOMAS François, *L'Atelier d'Alain Resnais*, Paris, Flammarion, 1989.

Hiroshima mon amour

Ouvrages

Avant-Scène Cinéma n° 61-62 (spécial Resnais), juillet-septembre 1966.

« Tu n'as rien vu à Hiroshima ! », Éditions de l'Institut de sociologie de l'Université libre de Bruxelles, 1962.

Articles

BORY Jean-Louis, « *Hiroshima mon amour*, film témoin de l'humanisme moderne », *Art-sept* n° 1, janvier-mars 1963.

CAULIEZ Armand-J., « *Hiroshima, mon amour* », *L'Âge nouveau*, septembre 1960.

COLPI Henri, « Hiroshima-musique », *Premier Plan*, n° 4, décembre 1959 ; « Musique d'Hiroshima », *Cahiers du cinéma* n° 103, janvier 1960.

DELAHAYE Michel, « Hiroshima-Resnais », *Premier Plan*, n° 4, décembre 1959.

DOMARCHI Jean, DONIOL-VALCROZE Jacques, GODARD Jean-Luc, KAST Pierre, RIVETTE Jacques, ROHMER Éric, « *Hiroshima, mon amour* », *Cahiers du cinéma*, n° 97, juillet 1959.

DONIOL-VALCROZE Jacques, « *Hiroshima, mon amour* », *France-Observateur*, 11 juin 1959.

DOUCHET Jean, « *Hiroshima, mon amour* », *Arts*, n° 727, du 17 au 23 juin 1959, repris dans *L'Art d'aimer*, Éd. Cahiers du Cinéma, 1987, pp. 166-169.

DURAND Philippe, fiche culturelle UFOLEIS « *Hiroshima, mon amour* », *Image et Son*, n° 128, février 1960.

GRINBERG Léon, « Le deuil dans *Hiroshima mon amour* », *Bulletin de Psychologie*, n° 12-17, juillet-août 1978.

GUYONNET René, « *Hiroshima, mon amour* », *Cahiers du Cinéma*, n° 96, juin 1959.

MONNIER G. et J.-Ph., BEYLIE Claude, « Un événement cinématographique : *Hiroshima, mon amour* », *Études cinématographiques*, vol. 1, n° 3-4, été 1960.

MOULLET Luc, « *Hiroshima*, un art de la révolution », *Présence du cinéma*, n° 1, juin 1959.

PINGAUD Bernard, « À propos de *Hiroshima, mon amour* », *Positif*, n° 35, juillet-août 1960.

QUEVAL Jean, « *Hiroshima mon amour* », *Mercure de France*, septembre 1959.

ROPARS-WUILLEUMIER Marie-Claire, « How History Begets Meaning : Alain Resnais' *Hiroshima mon amour* (1959) », in *French Film : Texts and Contexts*, Routledge, 1990.

SADOUL Georges, « Un grand film, un grand homme », *Les Lettres françaises*, 14-20 mai 1959.

Entretiens

BABY Yvonne, *Le Monde*, 9 mai 1959.

CARTA Jean et MESNIL Michel, *Esprit*, juin 1960.

DELAHAYE Michel, *Cinéma 59*, n° 38, juillet 1959.

EGLY Max, *Image et Son*, n° 128, février 1960.

FIRK Michèle, *Les Lettres françaises*, 14-20 mai 1959.

GUEZ Gilbert, *Cinémonde*, 14 mars 1961.

JAUBERT J.-C., *Carrefour*, 7 mai 1959.

ROUMETTE Sylvain, *Clarté*, n° 33, février 1961.

WILDENSTEIN Pierre, *Télépciné*, n° 88, mars-avril 1960.

Voir aussi l'ouvrage « *Tu n'as rien vu à Hiroshima !* ».

Ouvrages dans lesquels figurent des analyses du film

CLERC Jeanne-Marie, *Écrivains et cinéma*, Metz, Presses Universitaires de Metz, 1985, pp. 307-340.

COLPI Henri, *Défense et illustration de la musique dans le film*, Serdoc, 1963, pp. 128-136.

DELEUZE Gilles, *L'Image-Temps*, Paris, Éd. de Minuit, 1985, pp. 152-164.

ISHAGHPOUR Youssef, *D'une image à l'autre*, Paris, Denoël/Gonthier, 1982, pp. 188-196.

ROPARS-WUILLEUMIER Marie-Claire, *De la littérature au cinéma*, Paris, A. Colin, 1970 ; *L'Écran de la mémoire*, Paris, Seuil, 1970 ; *Écraniques*, Lille, Presses Universitaires de Lille, 1990.

Sur le scénario de Marguerite Duras

CARLIER Christophe, *M. Duras, A. Resnais, Hiroshima mon amour*, Presses Universitaires de France, coll. « Études littéraires », 1994.

CLERC Jeanne-Marie, « Marguerite Duras, collaboratrice d'Alain Resnais », *Revue des Sciences humaines*, vol. 73, n° 202, avril-juin 1986, pp. 103-116.

DURAS Marguerite, *Hiroshima mon amour, scénario et dialogues*, Paris, Gallimard, 1960, 141 p., ill. ; *Les Yeux verts*, *Cahiers du cinéma*, n° 312-313, juin 1980.

DURAS Marguerite et GAUTHIER Xavière, *Les Parleuses*, Paris, Éd. de Minuit, 1974, pp. 81-83.

ÉTIENNE Marie-France, « L'oubli et la répétition : *Hiroshima mon amour* », *Romanic Review*, vol. 78 n° 4 (novembre 1987), pp. 508-514.

PIERROT Jean, *Marguerite Duras*, Paris, José Corti, 1989, pp. 102-110.

CRÉDITS PHOTOGRAPHIQUES
Magnum / Raymond Depardon : 7
Photogrammes : Argos film
Couverture : Photo CAT'S

ÉDITION : **Christine Grall / Bertrand Dreyfuss**
COUVERTURE : **Noémi Adda**
COMPOGRAVURE : PFC Dole

Imprimerie IFC - *Askréa* - 18 390 St Germain du Puy
N°édition 10051429 - (II) - (3,5) - CSBGP 80
Dépot Légal Décembre 1998 N° imprimeur 98/1086